U0963334

陕西文庙书目汇编

肖雁　编著

山东大学出版社
SHANDONG UNIVERSITY PRESS
·济南·

图书在版编目(CIP)数据

陕西文庙书目汇编 / 肖雁编著.—济南:山东大学出版社,2022.4
ISBN 978-7-5607-7508-1

Ⅰ. ①陕… Ⅱ. ①肖… Ⅲ. ①孔庙—图书目录—汇编—陕西 Ⅳ. ①Z88:K928.75

中国版本图书馆 CIP 数据核字(2022)第 100900 号

责任编辑 祝清亮
文案编辑 朱若翌
封面设计 王秋忆

陕西文庙书目汇编
SHANXI WENMIAO SHUMU HUIBIAN

出版发行 山东大学出版社
社 址 山东省济南市山大南路 20 号
邮政编码 250100
发行热线 (0531)88363008
经 销 新华书店
印 刷 山东和平商务有限公司
规 格 720 毫米×1000 毫米 1/16
17.25 印张 291 千字
版 次 2022 年 4 月第 1 版
印 次 2022 年 4 月第 1 次印刷
定 价 60.00 元

版权所有 侵权必究

前　言

历史上的文庙(孔庙)属于国家礼制性建筑。文庙既是祭祀孔子的神圣场所,又是儒家文化的物质载体;既是儒家思想的具象化表征,又是传递儒家传统价值观的媒介。文庙在历史上曾经历了“家庙”“国庙”“学庙”的三次“进阶”,明清后“遍于天下”,成为中国文化鲜明的辨识符号。由于历史原因,文庙几度遭毁损,陷入“失语困境”,失去了“表达力”。改革开放以来,儒家文化逐渐呈复兴趋势,作为儒家文化物质载体,文庙的存在随之也备受关注,对文庙(孔庙)的研究方兴未艾。

据知网统计,在1989～2019年时段内,分别以“文庙”或“孔庙”篇名搜索:1989年篇名含“文庙”中文发文6篇,2019年是105篇,30年间,“文庙”中文学术关注度增长约16.5倍;以“孔庙”为篇名搜索,1989年篇名含“孔庙”中文发文9篇,2019年是58篇,30年间,“孔庙”中文学术关注度增长约5.4倍。文庙(孔庙)研究无论关注度还是环比增长率均呈上升趋势。

从文庙研究的方法和内容来看,不仅有历史学、教育学、建筑学、社会学等多重视角的研究,还有对文庙的祭祀礼仪、神圣空间等哲学与宗教维度的研究;文庙不仅被社会科学领域所关注,而且被自然科学领域关注;尤其随着儒学研究的深层次推进、多维度展开,文庙的历史文化价值和社会功能作用也日益受到重视。

陕西作为中华文明重要发祥地之一,既是中国历史上的文化荟萃之地,也是多种文化力量的“集散地”,更是儒家文化繁荣发展的地方。陕西文庙数量众多。据统计,全国现存文庙大约有509所,陕西省现辖区内原有府、州、县乡学文庙94所[①]，占全国文庙总数的18%。陕西文庙的历史甚为久远，西安文庙可追溯至唐贞观初年建于长安国子监中的孔子庙。陕西现存文庙始建于唐代的有西安文庙、蒲城文庙、渭南文庙和临潼文庙，在全国实属罕见。

从地理位置上看，陕西位于华夏腹地，有利于聚合多元文化，形成文化中心，同时，也更容易形成向天下四方扩散和传播的模式。唐时期重视教育，尊崇孔子，颂赞儒家思想。唐武德二年(619)，诏“国子学立周公、孔子庙各一所，四时致祭”[②]。“贞观二年，停以周公为先圣，始立孔子庙堂于国学。”[③]贞观四年(630)，“诏州县学皆作孔子庙”[④]，确立了孔子在教育史上的独尊地位。“自唐以来，州县莫不有学，则凡学莫不有先圣之庙矣。”[⑤]官方这一系列举措，将“庙学合一”的模式推向全国，使文庙在全国实现了普及，扩大了儒学教化的实验场所，增强了儒学思想文化教育的执行力。孔庙与学校相结合的“庙学合一”制度成为崇祀孔子、传播儒学、教化天下的重要途径。陕西作为“庙学”文化发源地，不仅对中国古代文化教育发挥了重要作用，而且奠定了陕西丰厚的儒学文化底蕴。

陕西文庙在布局与建筑组成上体现了文庙建筑的传统定制，在选址、梁架、题记、建筑风格上凸显了陕西的地域文化特色。陕西孔庙由于建造时代早、价值高、数量多，而且建筑极具地方特色，在全国享有无可替代的独特地位，这一珍贵文化遗产理应受到珍视和关注。[⑥]

2011年，孔祥林先生在广泛考察的基础上指出：“陕西省现在辖区内原有府、州、县、乡学校文庙94所，现在还有32所文庙有建筑遗存，但保存情况不是太好。”[⑦]2012年，陕西省社科院课题调研组推出《陕西儒家历史文化资源现状研究报告》[⑧]，重点介绍了以文庙等为代表的陕西儒家历史文化遗存

---

① 参见孔祥林、孔喆：《世界孔子庙研究》(上)，中央编译局出版社2011年版，第343页。

② (五代)刘昫：《旧唐书·本纪第一》，清乾隆武英殿刻本，第5页。

③ (五代)刘昫：《旧唐书·列传第一百三十九上儒学上》，清乾隆武英殿刻本，第2480页。

④ (宋)欧阳修：《新唐书·礼乐志第五》，清乾隆武英殿刻本，第153页。

⑤ (宋)马端临：《文献通考·学校考四》，中华书局2011年版，第1270页。

⑥ 参见裴建平主编：《陕西孔庙》，陕西人民出版社2017年版，第2页。

⑦ 孔祥林、孔喆：《世界孔子庙研究》(上)，中央编译出版社2011年版，第359页。

⑧ 杨尚勤、石英、王长寿主编：《陕西文化发展报告(2012)》，社会科学文献出版社2012年版，第199页。

现状、地位和作用以及开发、利用和保护情况。2014年，陕西省文物局协同碑林博物馆，选派业务骨干对陕西省40多个市县的孔庙进行了实地调研，结果显示：陕西文庙建筑格局相对完整或有主体建筑大成殿的30处（含搬迁新建），仅有个别辅助遗存的（如照壁、牌坊、棂星门等）5处；建筑全无，仅有遗址、碑石或古柏等遗址的4处；文献中仅有关于孔庙的零星记载，但无任何遗迹遗存的52处。① 这样来看，此次摸底总共考察91处孔庙，其中有较完整遗址的孔庙38处，修改了2011年孔祥林所说文庙建筑遗存32所的结论。此次陕西文庙调查，为陕西文庙的保护、利用和进一步研究打下了基础，提供了具有重要价值的数据和史料。王长坤先生曾对陕西41处孔庙进行了实地考察和研究，尤为可贵的是，他还考察出4处新建孔庙：周至县侯家村镇五泉村孔庙、榆林无量寺孔庙、迁建新修的镇安孔庙、岐山周公庙景区2009年新修孔庙②，这一研究为陕西文庙的动态发展提供了新材料。

必须提及的是，文庙与任何建筑遗存一样，随着时间的推移，由于自然损耗、自然灾害损害以及人为、资金等原因，存在着文庙遗存数量和建筑质量不断减损的情况。目前，陕西有些文庙还面临坍塌、毁坏的危险，保护的任务依然十分艰巨和迫切，与之相应，对陕西文庙的研究也愈加具有历史紧迫性和重要性。

《陕西文庙书目汇编》属于笔者主持的中国社会科学院国情调研重大项目的阶段性成果之一。本书是对新中国成立以来，凡所涉及陕西文庙的有关书目进行的较为广泛的搜集、整理和编纂。此次查阅了涉及陕西“文庙”“孔庙”的相关图书240余册，拓本6件，搜集到被提及的陕西的文庙（孔庙）48所。涉及陕西文庙的书目范围较为广泛，文庙关涉领域丰富多元。

通过此次梳理陕西文庙书目，有几点体会分享如下：

（一）检索的途径、方法及学术依据（此部分具体请参见“检索说明”部分）

1.可利用的检索途径。《陕西文庙书目汇编》的检索途径主要有：国家图书馆馆藏、中国社会科学院图书馆馆藏、山东大学图书馆馆藏、“读秀”学术搜索（以下简称“读秀”）、皮书数据库等。从所搜集书目来看，提及文庙（孔

① 参见裴建平主编：《陕西孔庙》，陕西人民出版社2017年版，第227页。

② 参见王长坤：《陕西孔庙遗存及其文化价值研究》，科学出版社2017年版，第19页。

庙)的书籍极为繁富,且涉及领域较广。以"读秀"进行主题词搜索,"文庙"有4794种,"孔庙"有4954种,"夫子庙"也有1390种;以"县学"搜索,有2482种;按照"学宫"搜索,竟达到14688种。由于数量庞大,就需要重新确定检索词以缩小检索范围。如确定陕西地域范围,并以陕西具体的文庙、孔庙(孔子庙、县学)名称进行二次筛选,可以大大缩小检索范围。实践证明,这一操作具有可行性。

2.确立主题词。确立以"陕西文庙(孔庙)"为主题词进行搜索,得到的是陕西文庙总体的概况,虽不能涵盖所有陕西文庙(孔庙)的书目,但这部分书目也需要保留,否则极易丢失个别书目。

3.确定陕西文庙(孔庙)的具体数量。目前,陕西文庙凡有独立实体或存有遗迹的、能够被提及的,还能被言说的、有具体名字的文庙(孔庙),基本都可以被检索到。对陕西省现存文庙(孔庙)数量的确定需要参考目前现有的研究资料,借鉴现有陕西文庙的基本结论来进行。本书主要依据了裴建平先生主编的《陕西孔庙》的研究成果和基本结论,即以"陕西现存孔庙遗存38处"①为主要数据来源和搜索依据。实践证明,按照陕西每个具体文庙(孔庙)名称进行搜索,可以检索到几乎所有被提及的陕西的文庙(孔庙)。在检索过程中,若发现有其他著作中提到的且超出陕西现存孔庙遗址38处时,本书予以收录,并附列于目录最后。之所以如此,旨在表明当时此文庙(孔庙)的存在状态,至少是能够被提及或言说的。

对于一些研究性专著涉及陕西某具体文庙的,如果只在内容中讲到,并未在目录中出现,本书暂不收录。相信这种情况非常多,但目前通过现有力量无法进行逐个搜索;还有一些对文庙(孔庙)进行综合性研究的专著,且将陕西文庙(孔庙)作为重点内容的有关书目,会列在"陕西文庙"书目之下,如孔祥林、孔喆先生的《世界孔子庙研究》等。

4.关于地方志搜索。陕西省编纂志书的历史非常悠久,方志存藏数量宏巨,研究成果丰硕。本书主要搜集了1949年以来的新修方志中含有陕西文庙的志书,但并不全面。其原因:一是由于地方志史料较为庞大,工作量之大,非目前力量可以完成;二是目前研究陕西志书的成果丰富,如《中国地方

---

① 裴建平主编:《陕西孔庙》,陕西人民出版社2017年版,第2页。

志联合目录》《中国地方志总目提要·陕西地方志述评》《陕西方志考》《陕西历代旧志存藏研究报告》[①]等优秀研究成果，可为日后进行方志中的陕西文庙的搜集、整理和研究提供参考借鉴。

5.关于目录、文内书目排序。目录中的陕西各文庙顺序未按市、辖区编排，而是按照始建时间排序，这样的排序会在时间维度上给人以历史感。如果始建时间不准确，会采纳最早有文献记载的年代排入。对于有些文庙始建时间不详，也没有准确的最早文献记载时间的，这类文庙会存疑，并排在目录最后。该书涉及文庙的书目依据出版年代来排序，这样做既可以清晰地看到每个文庙进入作者视域的时间顺序，也可以看出陕西各文庙的社会关注度和知名度。

（二）需要辨析的学术问题

1.文庙与孔庙名称的嬗变。孔庙也称“夫子庙”“仲尼庙”“孔圣庙”“先圣庙”“先师庙”“圣堂”“圣祠”“圣庙”等。学界一般统称为“文庙”或者“孔庙”。孔庙最初源于祭祀孔子的家庙。唐开元二十七年(739)，孔子被唐玄宗追谥为“文宣王”，孔庙被称为“文宣王庙”。元以后，孔庙逐渐通称“文庙”。较之于孔庙，文庙称谓更多彰显的是孔子祠庙文化扩展后所集中体现的以孔子为代表的儒家思想文化特征，在此意义上，“文庙”称谓似乎更具有儒学文化的普遍含义。

本书选题及目录中之所以采用“文庙”称谓，是希望体现将文庙放在更大的文化视域中去考察的意图，但本书录入的书目中一律尊重原书作者对文庙（孔庙）的称谓。通过梳理搜集到的陕西文庙书目，发现大部分作者提到文庙（孔庙）时，都使用了“文庙”称谓。据粗略统计，本书中使用“孔庙”称谓的有124处，而使用“文庙”的则有498处。这是一种比较奇怪的现象，真正对文庙进行学术研究的学者，更倾向于以“孔庙”定名，如孔祥林、裴建平、王长坤等学者，而在其他领域的学者或者文庙（孔庙）爱好者看来，“文庙”似乎才是其“学名”。

2.文庙（孔庙）的别称。文庙（孔庙）又被称为“儒学”“学宫”或“县学”。

---

① 任宗哲、白宽犁、王长寿主编：《陕西文化发展报告（2016）》，社会科学文献出版社2015年版，第134页。

至唐以降，在文庙（孔庙）中设明伦堂，这样的孔庙，既是孔庙，又是学府。这种“即庙设学”，因学以祀，学依庙而建的规制，逐渐形成了“庙学合一”的独特文化现象。庙、学结合的重要意义在于崇儒重道，既能在文庙中崇祀孔子，又能在学校里学习儒家经典。这种以崇祀孔子的方式带动儒家思想文化的传播、以教学的手段推动儒家经典学习的模式，对儒家思想的传承和发展产生了极其深远的影响。不仅如此，“庙学合一”还是施以“成人”之教的地方，旨在形成全社会祭祀孔子、尊崇儒学、“学为成人”的文化传统，致力于打造“慎终追远、民德归厚”的社会风气。文庙教化育人的社会功能和作用如何更加有效发挥，在今天依然具有现实意义。鉴于此，本书对儒学“学宫”“县学”也做了部分检索和收录。

3.文庙（孔庙）的归属。如前所述，随着清末废除科举，许多学校文庙改办新式学校，“庙学分离”。近代以降，儒学已不再享有国家教育的独尊地位，儒学命运衰微，失去了制度依托的文庙更是丧失了“表达力”。改革开放以来，各级政府对文庙的生存状态非常重视，拯救、恢复和保护了大部分文庙。目前，从陕西文庙（孔庙）在方志中的收录位置可以看出，文庙（孔庙）基本上有两种归属：一是作为古代教育机构，以“学宫”“县学”等名称出现在“教育类”项下；二是作为文化设施，出现在文物、古建筑、遗址、名胜古迹等项下。从这种归属方式可以看出，当教育与文庙（孔庙）分离后，当代文庙（孔庙）的归属并不是很清晰。这说明作为儒家“精神标识”的文庙在切实保护和合理利用的基础上，进一步加强研究确有必要性。

（三）书目整理、分类后得出的几点结论

1.陕西文庙被关注的领域。通过此次系统检索陕西文庙书目，可以了解陕西文庙的基本分类，了解陕西文庙的研究历史和现状，即陕西文庙在什么情况下被研究者关注、提及，又是在什么范围内被“言说”。如果按照《中国图书馆图书分类法》大类来分，陕西文庙远不能达到标准。但按照分类子项来看，陕西文庙涉及领域广泛且丰富，主要涵盖历史、地理、文化、科学、教育、文学、艺术、经济、自然科学、天文学、农业科学、工业技术、综合图书，另外，还散见于哲学、宗教、政治、法律等领域。

总体来说，陕西文庙主要出现在历史、地理类，这部分主要包括中国史、地方史志、文化史，其中涵盖了风俗习惯、文物考古、名胜古迹等。如大量碑刻中提到的文庙，旅游景点中讲到的文庙，县志中叙述的文庙，名寺志典中说到的文庙，名胜古迹中涉及的文庙，等等。除此之外，还有自然科学、自然地理中涉及的文庙；农业科学、森林地理学、森林分布中提及的文庙遗址，如蒲城文庙古槐树；在工业技术研究中，建筑史、水利工程、园林规划建设等也涉及文庙。

具体来看，如渭南文庙大成殿，曾作为党的地方组织史料予以收录和研究；作为旅游经济的载体，文庙依托博物馆，成为地方文化、教育事业以及信息与知识传播的一部分；文庙还可以作为文学、艺术进行研究，它的楹联、碑帖、书法、绘画及其宗教艺术都具有文学艺术研究的价值，有关诗歌、散文、杂著等也把文庙作为关注的对象。

2.文庙分类揭示了陕西文庙现存状况。通过对书目中提到的文庙进行简单分类，可以看出，陕西目前几乎所有现存文庙基本上都被撰书者在不同领域内提及，这就从另一个角度为我们清晰揭示了陕西文庙的现存研究状况、所处地位和社会影响力。文庙涉及领域的丰富性还表明，作为儒学文化的象征性标识，作为城镇传统文化的守护者，静默千年的文庙已经关涉陕西的政治、经济和文化生活的方方面面，成为陕西和谐文化生态的有机组成部分。

3.本书的价值和意义。作为一本专题文献目录工具书，本书通过系统搜集、整理和编纂有关陕西文庙书目，旨在为儒学研究者、文庙研究者更好地了解陕西文庙提供便捷路径。同时，编纂者希望以微薄之力呼吁有志之士关注陕西文庙发展状况，进而推动陕西传统文化的深入研究。

目前，陕西文庙有国保单位6处，省保单位15处，县保单位10处。[①] 除了作为县级以上至国家级文物保护单位，陕西文庙还承担了一部分社会功能，寄托着民众的信仰诉求，具有广泛的群众基础和社会支持度，依然有“活”的部分。就文庙来说，每一个时代的变化，都是因为面临着新的问题，获得了新的理解，而需要更新其意义。今天，我们对文庙的理解不能止步于文庙本质属性的观照，而是要始终面向新时代开放，聚焦文庙在当代文化语

① 参见裴建平主编：《陕西孔庙》，陕西人民出版社2017年版，第227页。

境中的发展和变化，回应时代诉求，适应当代社会文化发展的需求。如何更充分利用有限资源，赋能新时代社会主义文化建设，对接文化强省建设，助力陕西高质量发展，依然是陕西文庙研究的题中应有之义。

本书在编纂过程中，得到了国家图书馆、中国社会科学院图书馆、山东大学图书馆的大力支持和帮助，感谢中国社会科学院世界宗教研究所领导和儒教研究室同仁的重视和大力支持，感谢肖宏、苏冠安、汪桂平、李志鸿、刘志、常会营、薛国兰等诸多好友提出的宝贵意见，还要特别感谢国家图书馆温晶、唐晶老师的具体指导和帮助，使此编纂工作得以顺利完成。

最后，尤其要感谢山东大学出版社编辑老师严谨负责的态度和每次认真仔细的校对，感谢我的家人无私支持与厚爱，他们永远是我工作和生活的坚强后盾，感谢所有支持我、爱护我的朋友们。

由于这项编纂工作目前依然处于经验积累阶段，工作中难免出现许多疏漏，无法涵盖所有陕西文庙的书目。书中鲁鱼亥豕，难于避免，若蒙赐教，阙者补之，谬者斧之，是所望也。

肖雁

2022 年 2 月 28 日于北京

凡 例

一、本书目运用辩证唯物主义和历史唯物主义观点和方法，坚持实事求是、详今略古原则，力求思想性、科学性和资料性相统一。

二、本书目辑录的全部图书以1949年以来有关书目中提到陕西的文庙为基本依据，涵盖了介绍陕西地区文庙的图书及拓片的相关书目。

三、本书目的主要资料来源为国家图书馆馆藏书目、国家图书馆馆藏拓本、读秀、皮书数据库等。

四、本书目按照总分排序。首先是关于陕西文庙的书目，然后是关于各个文庙的书目。各个文庙的排序按照文庙始建朝代或最早见于文献记载的时间排序，始建年代不详、未见最早文献记载或有争议者排在最后。各个文庙下的书目按出版时间先后排序，有的书内容涉及多个文庙，则该书目会分别出现在各个文庙中，仅是"读秀"中的目录显示不同。

五、图书著录项目：

1.国家图书馆馆藏书目。主要包括题名与责任者、载体出版项、一般附注、内容提要、ISBN、定价。

2.国家图书馆馆藏拓本。主要包括题名与责任者、出版项、载体形态项。

3.读秀图书。主要包括作者、出版日期、页数、简介、ISBN(统一书号)、主题词、分类、目录(部分)。

4.皮书数据库图书。主要包括作者、丛书名、出版日期、简介、ISBN。

六、书后附书名索引，以供查考。书名索引按书名首字首位汉语拼音字母顺序排列，如首字首位汉语拼音字母相同，则按第二字首位汉语拼音字母顺序排列，其后以此类推。如书名相同，其他著录项目不同的，列入同一书名下。后面的数码为该书所在页码，如一书在不同文庙中收录，则会分别列出相应页码。书名中含有符号或数字的列在最后。

检索说明

一、检索源

国家图书馆馆藏：通过国家图书馆“联机公共目录查询系统”获取。

读秀：读秀是由海量全文数据及资料基本信息组成的超大型数据库。有430多万种中文图书、10亿页全文资料，为用户提供深入内容的章节和全文检索，有部分文献的原文试读以及高效查找，能获取各种类型学术文献资料的一站式检索，还有周到的参考咨询服务，是一个真正意义上的学术搜索引擎及文献资料服务平台。

皮书数据库：该库以社会科学文献出版社的“皮书系列”为基础，全面收录改革开放40年中国经济社会发展年度报告，一网“打”尽中国经济、中国社会、中国行业、中国区域、中国文化传媒和世界经济与国际关系六大主题研究文献。收录内容涵盖图书、报告、数据、图表、视频、资讯等资源类型。覆盖全球80余个国家，30个国际区域及国际组织，中国28个省级行政区，20个区域经济体，100多个行业，41个一级学科，179个二级学科。

二、检索式

主要检索式：各个文庙名称 and 文庙(or 孔庙)。补充检索式：各个文庙名称 and 学宫(or 县学 or 孔子庙 or 夫子庙)。

三、附加检索

“耀州文庙”“商州文庙”“洋州文庙”“西安文庙”“汉中文庙”，在上述检索词的基础上，增加了别名“耀县文庙”“商洛文庙”“洋县文庙”“西安府文庙”“汉中府文庙”。

四、干扰项

检索词“儒学”由于检索结果干扰项过多，故未进行检索。因为是人工检索，所以检索结果难免有疏漏和不正确的地方。

目 录

陕西文庙

《陕西历代碑石选辑》

作者及著作方式:陕西省博物馆供稿

出版时间:1979年7月　页数:150页

简介:陕西具有极其丰富的历史文物,碑刻就是其中的重要部分。该书精选陕西地区历代书法名碑150种。这些碑石出现的时期不同,书体各异,风格多样,从中可以看出汉字书体演变的梗概。

统一书号:8094·659

主题词:碑帖(地点:陕西　年代:古代)

分类:艺术→书法、篆刻→中国书法、篆刻→碑帖、书法作品:按时代分

目录:第57页　孔子庙堂碑

《陕西教育志资料选编》(下)

作者及著作方式:陕西省教育厅《陕西教育志》编纂办公室编

出版时间:1988年5月　页数:367页

丛书名:陕西地方志资料丛书

简介:该书内容包括清末、民国陕西著名人物事略;书院、学堂、学校沿革;民国各个时期各类学校教育统计和部分学校的调查报告等三部分。

ISBN:7-224-00391-3

主题词:教育—地方志(学科:史料　地点:陕西)

分类：文化、科学、教育、体育→教育→中国教育事业→教育史

目录：第 132 页 《陕西志辑要》有关府学、县学、书院的资料统计 张武智

《陕西石刻文献目录集存》

作者及著作方式：陕西省古籍整理办公室编；李慧主编

出版时间：1990 年 4 月 页数：385 页

简介：该书收录了 24 部金石专著和 6 部志书中所列中华人民共和国成立前发现和出土的陕西石刻文献目录，并精选了 30 种陕西石刻文献较集中的特色著作进行编纂。在这 30 部金石专著和志书中，共收陕西石刻文献目录 3161 条；从类别上看，有碑石（碑刻或石刻）、石阙、浮图、墓志、碣、塔铭、造像、经幢、摩崖等。另外，虞世南、欧阳询、颜真卿等书法大师的墨迹，吴道子的绘画，韩愈、柳宗元的散文，李白、杜甫的诗歌以及孙思邈超越前人的医术，玄奘翻译的具有重要文献价值的佛经等，都在这些石刻中有所反映。

ISBN：7-80546-162-7

主题词：石刻—考古（地点：中国）

分类：历史、地理→文物考古→中国文物考古→古书契

第 252 页　高陵县重修县学记　宋绍圣元年(1094)
第 291 页　宋蓝田县修夫子庙碑　宋年月不详
第 299 页　宋修汉文庙　宋年月不详
第 301 页　建文宣王庙记　元中统二年(1261)
第 304 页　重立文庙诸碑记　元至元十四年(1277)
第 307 页　重修文庙记　元元贞元年(1295)
第 308 页　加封孔子诏　元大德十一年(1307)
第 309 页　孔庙加封碑跋　元皇庆二年(1313)
第 314 页　重修文庙碑记　元至正四年(1344)
第 321 页　重修文庙记　明成化十一年(1475)
第 322 页　重修庙学记　明弘治二年(1489)
第 324 页　重修学庙碑　明嘉靖十一年(1532)
第 325 页　长安县儒学重修记　明嘉靖十二年(1533)
第 325 页　陕西西安府县儒学先圣庙重修记　明嘉靖十五年(1536)
第 326 页　陕西会城文庙附建名宦乡贤祠记　明嘉靖十五年(1536)
第 328 页　修葺文庙记　明万历二十二年(1594)
第 331 页　重修文庙碑记　明崇祯九年(1636)
第 332 页　重修庙学碑记　清顺治三年(1650)
第 332 页　重修文庙碑记　清顺治七年(1672)
第 332 页　重修西安文庙记　清康熙四年(1665)
第 332 页　重修文庙碑记　清康熙十一年(1672)
第 334 页　咸宁县重修儒学记　清康熙五十三年(1714)
第 335 页　重修西安府学宫碑记　清乾隆九年(1744)
第 336 页　重修西安府学碑林记　清嘉庆十年(1805)
第 338 页　复修碑林记　清道光二十三年(1843)

《三秦历史文化辞典》

作者及著作方式：袁明仁、李登弟、山岗等主编

出版时间:1992 年 10 月　页数:1032 页

简介:该书共收词目 4529 条,分为历史、文献、哲学、教育、宗教、文学、艺术等 20 个部分。

ISBN:7-5419-3161-6

主题词:文化史(地点:陕西　学科:词典)

分类:历史、地理→中国史→地方史志

目录:第 675 页　孔子庙堂碑

《华山碑石》

作者及著作方式:华山管理局,张江涛编著

出版时间:1995 年 12 月　页数:545 页

丛书名:陕西金石文献汇集(陕西省古籍整理办公室编;吴钢主编)

简介:该书收录了该地自春秋战国迄中华人民共和国成立前的碑碣、墓志、石柱题刻、砖铭、瓦当等文献遗存 306 种。这些石刻文献从不同侧面记载了华山地区的政治、经济、军事、民族、文化、教育、艺术、宗教、伦理、风俗、赋税、刑讼、灾异、兵燹等史实。这批文献中只有十余种见诸前人著录,其余近 300 余种均为首次公之于世。

ISBN:7-80628-039-1

主题词:碑刻—华山(学科:图集)

　　　　碑文—华山(学科:汇编)

分类:历史、地理→文物考古→中国文物考古→古书契

目录:第 272 页　(明)祭孔庙碑(1468)

　　　第 305 页　(明)文庙西岳庙南坛残碑(1615)

　　　第 318 页　(清)重修孔子庙碑(1659)

　　　第 325 页　(清)重修学宫记碑(1648)

《延安府志校注》

作者及著作方式:姬乃军、韩志侃校注;高希圣审校

出版时间:1999 年 6 月　页数:587 页

丛书名:陕西地方志资料丛书

简介：延安历史悠久，文献记载丰富。该书选择清嘉庆本《延安府志》予以点校注释，并整理出版。本书共16册、80卷、50余万字，在历史事件、建制沿革、自然资源、地理、水利、赋税、农业、军事、手工业、人物等许多方面，都保留了许多珍贵而翔实的资料。其中许多记载可以补史之缺，参史之错，详史之略，续史之无。

ISBN：7-5418-1311-7

主题词：地方志（地点：陕西省　地点：延安市）

分类：历史、地理→中国史→地方史志

目录：第255页　儒学

第475页　《重修学宫碑》

第476页　《延长县学宫碑》

第520页　《重修府学碑记》　赵廷锡

第521页　《重修文庙碑记》　南仪

第528页　《重修庙学记》　刘崇道

第532页　《重修文庙碑记》　杨一清

第534页　《重修文庙碑记》　贾明孝

第538页　《重修延安府文庙记》　叶映榴

《淳化县志》

作者及著作方式：淳化县志编纂委员会编

出版时间：2000年12月　页数：1146页

丛书名：陕西地方志丛书

简介：淳化历史悠久，山川秀丽，物华天宝，是历代战略重地。新编《淳化县志》运用辩证唯物主义和历史唯物主义的观点，纵贯古今，横跨自然、社会、政治、经济、军事、文化等各项门类。反映了淳化人民改造自然、推动社会进步的光辉历程。该书历史脉络清晰，内容丰富翔实。

ISBN：7-80628-463-X

主题词：淳化县—地方志

分类：历史、地理→中国史→地方史志

目录：第825页　第二节　县学书院

《中国孔庙保护协会论文集》

作者及著作方式：中国孔庙保护协会编；张敏杰主编

出版时间：2004 年 9 月　页数：339 页

简介：该书分为孔庙的历史沿革、孔庙的保护与利用、孔庙的建筑特色、孔庙与儒学传播四部分，编收相关论文 40 余篇。

ISBN：7-5402-1630-1

主题词：孔庙（学科：文物保护）

分类：历史、地理→地理→中国地理→专类地理

目录：第 92 页　陕西省内现存孔庙述略　李举纲

《陕西东府名胜与民俗（上）　胜景古迹》

作者及著作方式：王杰山编著

出版时间：2004 年 12 月　页数：522 页

简介：《陕西东府名胜与民俗》，是介绍渭南名胜与民俗的通俗读物，是当地干部群众、青年学生和有意来渭南开发建设、旅游观光的国内外人士了解渭南、认识渭南的资料性图书，也是在国内外工作和定居的渭南籍人士回味家乡、热爱故土的有益读本。

ISBN：7-5418-2015-6

主题词：陕西—旅游

分类：历史、地理→地理→中国地理→专类地理

目录：第 68 页　文庙大成殿

《中国孔庙》

作者及著作方式：范小平著

出版时间：2004 年 11 月　页数：240 页

简介：该书运用大量文献资料和图片资料，总结了 2000 多年来中国孔庙的产生、发展、繁荣，并向海外传播的历史，分析了孔庙建筑形式的演变规律，展示了孔庙建筑在不同历史时期的建筑式样、祭孔礼仪和祭孔乐舞。

ISBN：7-5411-2309-9

主题词:孔庙—历史—中国

分类:历史、地理→地理→中国地理→专类地理

《世界孔子庙研究》(上)

作者及著作方式:孔祥林、孔喆著

出版时间:2011 年 3 月　页数:646 页

丛书名:国家哲学社会科学成果文库

简介:该书共分为上、下两册。上册主要对中国孔子庙的历史、制度和现状分别进行了梳理和研究。

ISBN:7-5117-0796-3

主题词:孔庙—研究—世界

分类:历史、地理→地理→世界地理→名胜古迹

《陕西文化发展报告(2012)》

作者及著作方式:杨尚勤、石英、王长寿主编

出版时间:2012 年 2 月　页数:324 页

丛书名:陕西蓝皮书

简介:《陕西文化发展报告(2012)》是陕西省社会科学院编纂出版的第四本文化蓝皮书。本书共分为总报告、宏观视野、专家论坛、公共文化、行业报告、区域报告和大事记七个部分。总报告全面总结了"十一五"期间和2011 年陕西文化发展的整体状况与成就,研究了陕西省文化产业和组织,概括了陕西省各个地区文化发展的成就,预测了"十二五"期间陕西文化发展走向。宏观视野部分研究了振兴文化产业积极推动陕西文化大发展大繁荣、陕西文化产业技术创新体系建设等问题。专家论坛重点探讨了西安高新区创意产业、明"关中八志"整理研究、陕西文化消费的现状特征及对策等问题。行业报告部分还就陕西儒家历史文化资源保护和开发利用等问题进行了总结、探讨、分析和研究。

ISBN:978-7-5097-3107-9

主题词:文化产业—研究报告—陕西省—2012

《碑林集刊》(二十一)

作者及著作方式:西安碑林博物馆编

出版时间:2015 年 12 月　页数:251 页

简介:《碑林集刊》(二十一)为西安碑林博物馆 2015 年年刊,主要有"新出墓志""碑志考释""文史论坛""文献天地""文物丛谈""博物馆学"等栏目,大体反映了 2012 年度我国石刻文献领域的研究成果。

ISBN:978-7-5518-1216-0

主题词:碑林—西安市—古代—丛刊

分类:历史、地理→文物考古→中国文物考古→古书契

目录:第 240 页　陕西孔庙现状调查工作圆满完成　马志祥

《陕西祠庙》

作者及著作方式:林源、喻梦哲主编

出版时间:2019 年 12 月　页数:243 页

丛书名:中国古建筑测绘大系　祠庙建筑

简介:该书根据建筑物本身的重要性和代表性,如组群规模大且完整、沿革清晰、建筑特征明显、工艺精湛等标准,共收录了陕西的七处祠庙建筑——西安文庙(碑林博物院)、西安城隍庙、西安东岳庙、户县东岳庙(化羊庙)、三原城隍庙和华阴西岳庙。这七栋建筑目前保存状况较为完好,建筑品质突出。全套图纸内容与质量齐整,且是近十年来测绘完成的。本书适用于建筑历史专业学生、教师和中国古建筑研究的相关从业者和研究人员。

ISBN:978-7-112-19901-3

主题词:祠堂—古建筑—建筑测量—陕西省—图集

分类:历史、地理→地理→中国地理→专类地理

《陕西书院简史》

作者及著作方式:杨远征、田丽娟编著

出版时间:2016 年 3 月　页数:168 页

简介:陕西书院文化项目代表了目前我国陕西书院文化的高水平,无论是官办书院还是民办书院,都对中华传统文化的构建、传承和繁荣发展起到了重要的促进作用。该书依托对陕西大地上遗存的书院、学校、孔庙等教育机构进行深入的研究,能一次性接触全面、系统的书院文化机构,具有重大的历史和学术意义。

ISBN:978-7-5605-8232-0

主题词:书院—教育史—陕西省

分类:文化、科学、教育、体育→教育→高等教育→世界各国高等教育概况

《陕西孔庙》

作者及著作方式:裴建平主编

出版时间:2016 年　页数:230 页

简介:该书从历史溯源、建筑遗存、祭器碑刻、文化传承等方面展示了陕西孔庙的渊源发展,较为完整地体现了地域孔庙文化一脉相承的传承历史。最后一部分《陕西孔庙调研报告》全面反映了陕西孔庙的历史与现状,分析了存在的问题,提出了建议。

ISBN:978-7-224-11954-1

主题词:孔庙—介绍—陕西

分类:历史、地理→地理→中国地理→专类地理

《陕西孔庙遗存及其文化价值研究》

作者及著作方式:王长坤著

出版时间:2017 年 11 月　页数:359 页

简介:该书搜集陕西地区各类方志、石刻资料,结合实地调查,对陕西孔庙遗存资料进行了系统归纳、整理和研究,通过对陕西各地孔庙遗存实例的分析,透视陕西传统社会政治、经济、文化发展的状况,探讨儒家和中国古代思想文化的发展和演变,归纳出陕西孔庙历史发展的特点及其文化价值。

ISBN:978-7-03-054998-3

主题词：孔庙—文物保护—研究—陕西

分类：历史、地理→地理→中国地理→专类地理

《陕西碑刻总目提要初编》第 2 册

作者及著作方式：吴敏霞主编；刘思怡、王珂分册主编

出版时间：2018 年 12 月　页数：340 页

简介：该书收录陕西境内历代碑、墓志、墓砖、摩崖石刻、造像题记、经幢、塔铭等多种类型的石刻资料。其中所收各类碑刻年代上自秦汉，下迄民国末年，著录信息包括碑名、年代、形制、行字、撰书刻者、纹饰、出土地、现藏地、著录情况及提要等多方面内容。

ISBN：978-7-03-051374-8

主题词：碑刻—内容提要—陕西—古代

分类：历史、地理→文物考古→中国文物考古→古书契

《陕西碑刻总目提要初编》第 3 册

作者及著作方式：吴敏霞主编；范志鹏、高叶青分册主编

出版时间：2018 年 12 月　页数：326 页

简介：该书收录陕西境内历代碑、墓志、墓砖、摩崖石刻、造像题记、经幢、塔铭等多种类型的石刻资料；所收各类碑刻年代上自秦汉，下迄民国末年；所收碑刻的著录信息包括碑名、年代、形制、行字、撰书刻者、纹饰、出土地、现藏地、著录情况及提要等多方面内容。

ISBN：978-7-03-051374-8

主题词：碑刻—内容提要—陕西—古代

分类：历史、地理→文物考古→中国文物考古→古书契

目录：

《陕西碑刻总目提要初编》第 4 册

作者及著作方式:吴敏霞主编;杨志飞分册主编

出版时间:2018 年 12 月　页数:252 页

简介:该书收录陕西境内历代碑、墓志、墓砖、摩崖石刻、造像题记、经幢、塔铭等多种类型的石刻资料;所收各类碑刻年代上自秦汉,下迄民国末年;所收碑刻的著录信息包括碑名、年代、形制、行字、撰书刻者、纹饰、出土地、现藏地、著录情况及提要等多方面内容。

ISBN:978-7-03-051374-8

主题词:碑刻—内容提要—陕西—古代

分类:历史、地理→文物考古→中国文物考古→古书契

目录:

西安文庙

西安府学文庙碑(拓本)

作者及著作方式:(明)商辂撰;(明)项忠正书;(明)马文升篆额

拓本——陕西省西安市,明成化十一(1475)正月立——1 张;301cm×134cm

《耀瓷图录》

作者及著作方式:陕西省博物馆编

出版时间:1957 年 6 月　页数:56 页

简介:该书以古瓷专家陈万里的“谈耀瓷”为序,介绍了 1954 年邠(彬)县大批耀瓷出土的经过,并介绍图录中的精品。

统一书号:8029·14

主题词:古代陶瓷—中国—图录

分类:历史、地理→文物考古→中国文物考古→各种材料器物

目录:第二部分　陕西各地出土的耀瓷

　　第 1 页　青釉折瓣划雕花尊(西安修建文庙时出土)

　　第 9 页　青釉素缽式洗(西安修建文庙时出土)

《中国之科学与文明》第 10 册

作者及著作方式:李约瑟著;陈立夫主译;张一麟、沈百先译;中华文化

复兴运动推行委员会编译

出版时间:1980 年 3 月　页数:527 页

简介:本册主要有土木及水利工程学、图表两部分。内容主要包括道路、城墙与长城、建筑工艺、桥、水利工程。

主题词:自然科学史—中国

水利史—中国—古代

分类:自然科学总论→自然科学丛书、文集、连续性出版物

目录:第 115 页　图七四四　一座孔庙的设计图

第 276 页　图八〇八　陕西西安文庙南大门的一座木牌楼

《古都西安》

作者及著作方式:王崇人编

出版时间:1981 年 7 月　页数:332 页

简介:该书是一本将史料、文物古迹和美术遗产三方面结合的知识性、学术性读物。除写入有据的史料外,还采用了一部分民间传说、轶事等,增加了本书的趣味性。

统一书号:8199·222

主题词:导游—西安

分类:艺术→摄影艺术→中国摄影艺术作品

目录:第 218 页　西安碑林

第 313 页　碑林图 1.旧中国的西安碑林(历史照片)

第 313 页　碑林图 2.现在的西安碑林

第 314 页　西安碑林碑石陈列室

《鲁迅在西安》

作者及著作方式:单演义著

出版时间:1981 年 7 月　页数:196 页

丛书名:鲁迅研究丛书

简介:鲁迅曾于 1924 年夏季,应邀赴国立西北大学讲学,该书为此辑录了《鲁迅在西安》资料汇编。资料主要分为五个部分:一是鲁迅在西安的著

述，二是有关鲁迅在西安的杂文和书信，三是有关鲁迅在西安的回忆与纪念，四是鲁迅同行者的旅陕日志，五是当时有关鲁迅在西安的报刊文章。

统一书号：10094・327

主题词：鲁迅（学科：生平事迹）

分类：历史、地理→传记→中国人物传记→人物传记：按学科分

《中国名胜古迹概览》

作者及著作方式：程裕祯、李顺兴、杨俊萱等编著

出版时间：1982 年 12 月　页数：502 页

简介：该书选录了全国比较重要的革命旧址、名山胜景、园林殿宇、亭台楼阁、碑塔寺观、祠庙陵寝以及其他文化遗址近 2000 处，并对其建置沿革、历史掌故和特点进行了简要介绍。

统一书号：17179・166

主题词：名胜古迹（地点：中国　学科：手册）

分类：历史、地理→地理→中国地理→专类地理

目录：第 123 页　西安文庙（陕西省博物馆）

《中国名胜词典》陕西分册

作者及著作方式：国家文物事业管理局主编

出版时间：1984 年 12 月　页数：45 页

简介：该书收录了陕西省重要的文物保护单位、革命纪念地、有名的风景区、游览点以及文化遗址等，词目完整，内容简明扼要，对于流传较广的神话和民间传说、诗词描述或典故由来，也酌予介绍。

统一书号：12187・1

主题词：名胜古迹（地点：中国　学科：词典）

　　　　名胜古迹（地点：陕西　学科：词典）

分类：历史、地理→中国史

目录：第 5 页　西安碑林

《陕西名胜词典》

作者及著作方式:孙向东编

出版时间:1985 年 5 月　页数:286 页

简介:该书选收陕西省风景名胜,包括本省的全国重点文物保护单位、风景胜地、名山佳湖、岩洞园林、宫殿寺庙、亭台楼阁、古墓遗址、碑碣石刻、革命旧址、古代建筑等,还辅以有关的人物简介、历史典故、名人诗词和神话故事等。

统一书号:17094・26

主题词:名胜古迹(地点:陕西　学科:词典)

　　陕西(学科:名胜古迹)

分类:历史、地理→地理→中国地理→专类地理

目录:第 74 页　碑林

《中国旅游地理》

作者及著作方式:戴松年、徐伦虎、曹玲泉编著

出版时间:1986 年 6 月　页数:574 页

简介:该书主要叙述了我国的地理风光和名胜古迹,说明其形成的原因和变化,并插入了不少典故、神话和美丽动人的传说。对全国三十个省、市、自治区的主要城镇、历史沿革、地形、气候、物产、交通、文化艺术和风土人情等都进行了简要介绍,对祖国丰富的旅游资源和旅游地理的有关理论知识也进行了阐述。

统一书号:12039・新 471

主题词:中国—旅游地理学

分类:历史、地理→地理→中国地理→专类地理

目录:第 502 页　西安碑林

　　第 502 页　西安文庙

《陕西名胜古迹》

作者及著作方式:陕西省文物管理委员会编

出版时间:1986 年 12 月　页数:505 页

丛书名:陕西历史文物丛书

简介:该书将陕西各县的名胜古迹进行了系统归类、整理,以文字介绍为主,并辅以照片。由于历史原因,许多名胜古迹遭受了不同程度的破坏,经过多次调查研究,该书在初稿的基础上增补了各县的历史沿革,书中所搜集的名胜古迹单位,只提供现存的、可供参观的遗迹和遗物。有名无实的,暂无收录。

统一书号:11094·174

主题词:名胜古迹(地点:陕西)

分类:历史、地理→地理→中国地理→专类地理

目录:第 23 页　碑林

《四海之内:东方和西方的对话》

作者及著作方式:[英]李约瑟(Joseph Needham)著;劳陇译

出版时间:1987 年 10 月　页数:187 页

丛书名:文化生活译丛

简介:该书是李约瑟博士 25 年间所作论文、演讲稿的选编。书中包括他历次在中国访问时所写的诗歌,抒发了他对中国古代文化的爱慕之情,歌颂了中华人民共和国成立后取得的伟大成就。书中还探讨了东西文化的异同,阐述了中国古代文化对世界的哲学、科学、技术等各方面的巨大贡献以及中国传统文化对现代文化的影响,并预测今后世界文化发展的道路,为东西方文化研究提供了不少宝贵的资料和精辟的见解。

ISBN:7-108-00573-5

主题词:东西文化(学科:对比研究)

　　　　比较文化(地点:中国、西方国家)

分类:历史、地理→世界史→通史→文化史

目录:第 110 页　在长安孔庙中

《陕西石刻文献目录集存》

作者及著作方式:陕西省古籍整理办公室编;李慧主编

出版时间:1990 年 4 月　页数:385 页

简介:该书收录了 24 部金石专著和 6 部志书中所列中华人民共和国成立前发现和出土的陕西石刻文献目录,并选取 30 种有特色且石刻文献较集中的著作,进行汇编。在这 30 部金石专著和志书中,共收陕西石刻文献目录 3161 条。从类别上看,有碑石(碑刻或石刻)、石阙、浮图、墓志、碣、塔铭、造像、经幢、摩崖等。另外,虞世南、欧阳询、颜真卿等书法大师的墨迹,吴道子的绘画,韩愈、柳宗元的散文,李白、杜甫的诗歌以及孙思邈的医术,玄奘翻译的佛经等,都在这些石刻中有所记载。

ISBN:7-80546-162-7

主题词:石刻—考古(地点:中国)

分类:历史、地理→文物考古→中国文物考古→古书契

目录:第 224 页　重刻唐旌文庙碑　宋大中祥符五年(1012)

　　第 299 页　宋修汉文庙　宋年月不详

　　第 325 页　长安县儒学重修记　明嘉靖十二年(1533)

　　第 332 页　重修西安文庙记　清康熙四年(1665)

　　第 335 页　修长安县学记　清乾隆七年(1742)

《类编长安志》

作者及著作方式:(元)骆天骧撰;黄永年点校

出版时间:2006 年 1 月　页数:358 页

丛书名:长安史迹丛刊

简介:《类编长安志》由元代骆天骧在宋《长安志》的基础上分类编写,至元年间修订完毕。该书分为杂著、京城、宫殿室庭、寺观、庙祠、胜游、石刻等三十二门。该书门类齐备,所述长安金、元史实与诗歌具有极高的文献价值。

ISBN:7-101-00576-4

主题词:文化遗迹—长安(历史地名)(学科:史料)

　　长安(历史地名)—文化遗迹(学科:史料)

分类:历史、地理→中国史→地方史志

目录:第 284 页　孔子庙堂碑

第 290 页　唐旌儒庙碑
第 295 页　宋重修文宣王庙记
第 295 页　宋京兆府移文宣王庙记
第 299 页　大元京兆府重修文宣王庙记

《可爱的陕西》

作者及著作方式:韦建培主编;马正林等撰
出版时间:1991 年 12 月　页数:338 页
简介:该书介绍了陕西的历史沿革及自然资源,是一本了解陕西、认识陕西和研究陕西的优秀读物。
ISBN:7-5613-0458-7
主题词:陕西(学科:概况)
分类:历史、地理→地理→中国地理
目录:第 331 页　西安碑林——书法名碑荟萃

《清经世文编》(全 3 册)

作者及著作方式:(清)贺长龄、(清)魏源等编
出版时间:1992 年 4 月　页数:2958 页
简介:该书原名《皇朝经世文编》,共 120 卷,辑录了清代顺治至道光前的文书、奏疏、论著等 2236 篇,分学术、兵政、工政等类别。
ISBN:7-101-00816-X
主题词:史料—中国—清代
分类:历史、地理→中国史→封建社会(前 475～1840)→隋、唐至清前期(581～1840)
目录:第 1708 页　西安府儒学碑目序　顾炎武

《西安碑林百图集赏》

作者及著作方式:陕西省博物馆编
出版时间:1992 年 8 月　页数:131 页
简介:该书节选了历代有代表性的碑石 120 种。

ISBN:7-5418-0438-X

主题词:碑帖(地点:西安　年代:古代)

碑刻(学科:拓本　地点:西安　年代:古代)

分类:艺术→书法、篆刻→中国书法、篆刻→碑帖、书法作品:按时代分

目录:第 51 页　唐孔子庙堂碑

《三秦历史文化辞典》

作者及著作方式:袁明仁、李登弟、山岗等主编

出版时间:1992 年 10 月　页数:1032 页

简介:该书收词目 4529 条,分为历史、文献、哲学、教育、宗教、文学、艺术等 20 个部分。

ISBN:7-5419-3161-6

主题词:文化史(地点:陕西　学科:词典)

分类:历史、地理→中国史→地方史志

目录:第 678 页　西安碑林

第 890 页　西安府文庙

《陕西胜迹志》

作者及著作方式:解长峰编

出版时间:1993 年 6 月　页数:390 页

简介:该书辑录了陕西 10 个地市、100 多个县的文物胜迹,内容丰富,资料全面,可供读者了解陕西的历史名胜、风土人情。

ISBN:7-5419-4048-8

主题词:名胜古迹(地点:中国　地点:陕西)

陕西(学科:名胜古迹)

分类:历史、地理→地理→中国地理→专类地理

目录:第 23 页　文庙和碑林(西安)

《中国门楼牌坊》

作者及著作方式:陈泽泓、陈若子编绘

出版时间:1993 年 3 月　页数:97 页

丛书名:华夏建筑精粹

简介:该书是以北京、上海、陕西等 32 个省市、自治区的塔、桥、亭台、门楼牌坊和殿观寺庙为描绘对象的系列画册,也是作者费时五载,画幅逾千,五次几乎推倒重来才完成的艰巨工程。

ISBN:7-218-00820-8

主题词:园林建筑—绘画(地点:中国　年代:现代　学科:画册)

　　　绘画—园林建筑(地点:中国　年代:现代　学科:画册)

分类:工业技术→建筑科学→建筑艺术→建筑艺术图集

目录:第 61 页　西安孔庙牌坊

《中国旅游地理》(第二版)

作者及著作方式:戴淞年、徐伦虎、曹玲泉等编著

出版时间:1993 年 6 月　页数:769 页

简介:该书对我国 31 个省、市、自治区及港澳地区的地理风光、名胜古迹、气候、物产、交通、风土人情等进行了介绍。

ISBN:7-5030-0565-3

主题词:旅游地理学(地点:中国)

分类:经济→旅游经济→中国旅游事业→旅游经济地理

目录:第 690 页　西安碑林

　　第 690 页　西安文庙

《美术辞林》建筑艺术卷

作者及著作方式:张芷岷、李树涛主编

出版时间:1993 年 10 月　页数:868 页

简介:该卷收列建筑艺术基本理论、建筑类型、建筑思潮、流派、建筑美学等有关名词术语以及中外建筑作品、著作、中外建筑师等词目共 1846 条。

ISBN:7-5368-0287-0

主题词:美术(学科:词典)

　　　建筑艺术(地点:世界　学科:词典)

分类：艺术→名词术语、词典、百科全书（类书）

目录：第244页　西安文庙

《中国龙文化景观》

作者及著作方式：潘一焕、杨建原、潘晓宇编著

出版时间：1993年12月　页数：406页

简介：该书融实用性、知识性和趣味性于一体，介绍了遍布中国大地的900处龙名旅游景点和景观。

ISBN：7-5032-0963-1

主题词：名胜古迹（地点：中国）

分类：历史、地理→地理→中国地理→专类地理

目录：第374页　西安碑林"六龙盘结景教碑"

《中国孔庙》

作者及著作方式：高文、范小平编著

出版时间：1994年10月　页数：153页

简介：该书在查阅大量历史文献、实地考察各地孔庙的基础上，对中国孔庙进行了系统研究。这是迄今为止系统介绍中国孔庙的第一本书。该书图文并茂，史料翔实，为儒学研究和孔庙研究提供了新资料，为挖掘、整理、弘扬中华民族优秀文化遗产写下了新篇章。

ISBN：7-80575-659-7

主题词：孔庙—建筑史（地点：中国）
　　　　建筑史—孔庙（地点：中国）

分类：工业技术→建筑科学→建筑理论→建筑史

目录：第80页　69.陕西西安府文庙

《黄土高原的民俗与旅游》

作者及著作方式：王炽文、孙之龙编著

出版时间：1996年1月　页数：217页

丛书名：中国民俗·旅游丛书

简介：该书以旅游业为线索，系统地介绍了陕西的地域文化特色和悠久的历史文化、名胜古迹、风俗民情等，具有鲜明的地域特色和丰富的知识，不仅可以作为旅游的指导手册，也可以作为民俗文化的阅读材料。该书对广大研究人员、民俗工作者和文化工作者具有重要的参考价值。

ISBN：7-5637-0652-6

主题词：风俗习惯—中国—陕西

旅游资源—中国—陕西

分类：历史、地理→风俗习惯→中国风俗习惯→各地方风俗习惯总志

目录：第 9 页　西安碑林

《中国旅游指南》

作者及著作方式：杜飞豹编著

出版时间：1996 年 8 月　页数：1183 页

丛书名：实用旅游丛书

简介：该书主要分为四大部分。第一部分是中国概况，主要介绍中国国土资源、人口与民族、宗教信仰、中国简史、新中国大事记、今日中国等。第二部分是中国旅游文化知识，主要内容有佛教知识、建筑小品、文房四宝、汉字和书画、中国工艺品等。第三部分是中国旅游路线。第四部分是全国各个省、市、自治区主要旅游名胜经典介绍。

ISBN：7-5032-1288-8

主题词：导游（地点：中国）

分类：历史、地理→地理→中国地理→专类地理

目录：第 959 页　碑林

《碑林集刊》（四）

作者及著作方式：西安碑林博物馆编

出版时间：1996 年 12 月　页数：242 页

简介：《碑林集刊》是由西安碑林博物馆主办的国内唯一以碑石文物为研究对象的专业性学术年刊。主要以碑石墓志、石刻艺术类文物研究为基本特色，同时开设文史论坛、文物丛谈、书艺漫笔、博物馆学等艺术栏目。本

册主要内容包括碑林史话、碑志考释、碑帖咀华、碑志评析、石刻艺术、书艺漫笔、文史研究、异邦掠影、贞石沧桑、文物丛谈、博物馆学、碑林学人、诗词咏胜、新书介绍等十六个部分。

ISBN:7-5368-0932-8

主题词:碑刻(地点:西安　年代:古代　学科:丛刊)

分类:历史、地理→文物考古→中国文物考古→古书契

目录:第 9 页　清代西安碑林、文庙和府县三学整修概述　路远

第 51 页　碑林出土明代琉璃建材与嘉靖年间对西安府文庙之修建　杜文

《西安碑林书法艺术》

作者及著作方式:李域铮、赵敏生等编著

出版时间:1997 年 1 月　页数:446 页

简介:陕西在历史上是我国书法艺术繁荣发展的重要地区。中华人民共和国成立以后,碑林得到了很好的保护。碑林经多次整修和扩建后,收存了许多散存于各县、市的名碑和新出土的墓志。该书将历代著名碑刻收集整理,汇编成册,不但保存了文化典籍,而且有助于文化艺术事业的繁荣发展和中外文化艺术的交流,同时,也为广大书法和美术爱好者学习和欣赏提供了方便。

ISBN:7-5368-0687-6

主题词:碑帖—西安—古代—汇编

分类:艺术→书法、篆刻→中国书法、篆刻→碑帖、书法作品:按时代分

目录:第 120 页　孔子庙堂碑

第 439 页　西安碑林

《陕西名胜楹联》

作者及著作方式:林随喜编

出版时间:1997 年 12 月　页数:375 页

简介:陕西历史悠久,名胜古迹繁多,名胜楹联也非常丰富。作者搜集陕西 9 个地、市(县)以及各市县所辖景点的楹联,不分古今先后,按字数由少

到多排列，汇编成书。

ISBN：7-80594-410-5

主题词：对联（地点：中国　学科：汇编）

分类：文学→中国文学→杂著→当代作品（1949 年～　）

目录：第 13 页　碑林

《西安碑林观览》

作者及著作方式：张云主编

出版时间：1998 年 8 月　页数：155 页

简介：该书由西安碑林博物馆宣教部编写，是西安碑林博物馆为配合爱国主义教育活动的开展，在讲解词基础上，经过宣教部讲解员数年的努力编写而成的一本普及性读物。

ISBN：7-5368-1079-2

主题词：碑刻（学科：研究　地点：西安市　年代：古代）

分类：历史、地理→文物考古→中国文物考古→古书契

目录：第 11 页　西安碑林简史

　　第 50 页　宋刻孔子庙堂碑

　　第 81 页　记录文庙历史　浏览帝王书翰

　　第 81 页　宋重修文宣王庙记碑

《西安碑林史》

作者及著作方式：路远著

出版时间：1998 年 8 月　页数：588 页

简介：该书梳理了西安碑林的历史沿革，脉络清晰，层次分明，既汲取前人的研究成果，又有作者自己独到的见解，勾勒出自唐末五代迄至中华人民共和国千余年间西安碑林形成和发展的历史轮廓，具有重要学术与实用价值。

ISBN：7-80594-468-7

主题词：碑刻（地点：西安市　年代：古代　学科：史料）

分类：历史、地理→文物考古→中国文物考古→古书契

第 243 页　康熙十年(1671)重修文庙

第 244 页　康熙五十九年(1720)整修碑林

第 245 页　康熙年间二度修葺咸宁县学

第 247 页　乾隆三至四年(1738～1739)重修府学、文庙

第 248 页　乾隆六年(1741)重修长安县学

第 249 页　乾隆三十七年(1772)整修碑林

第 252 页　嘉庆十年(1805)整修碑林

第 253 页　道光二十一年(1841)整修碑林

《张瑞玑诗文集》

作者及著作方式:王作霖编

出版时间:1998 年 12 月　页数:239 页

简介:清末民初晋陕名人张瑞玑,为政高风亮节,为人豪爽侠义,为事折冲樽俎,为文纵横捭阖,道德文章经济运筹皆为时人推重,读者可以通过该书领略他的诗文风采。

ISBN:7-5378-1896-7

主题词:诗歌(地点:中国　年代:近代　学科:选集)

散文(地点:中国　年代:近代　学科:选集)

分类:文学→中国文学→作品集

目录:第 157 页　重修长安孔庙碑记

《中国文物地图集》陕西分册(上)

作者及著作方式:国家文物局主编

出版时间:1998 年 12 月　页数:660 页

简介:该书运用地图形式,对陕西境内文物调查所获大量资料进行科学概括,综合反映陕西文物工作中已有的学术成果和新的重大发现,全面记录陕西境内已知现存的不可移动文物状况,以充分发挥它们的作用。

ISBN:7-80545-656-9

主题词:文物—地图集—中国

文物—地图集—陕西

分类:历史、地理→文物考古→中国文物考古→表解、图解、图册、谱录、数据、公式、地图

目录:第 488 页　西安碑林

《西安碑林全集》第 30 卷(碑刻)

作者及著作方式:高峡主编;李林娜、王原茵、王其祎副主编

出版时间:1999 年 12 月　页数:3056 页

丛书名:西安碑林全集

简介:《西安碑林全集》共 200 卷,主要包括碑刻、墓志、石刻线画、造像题记,还包括《周易》《尚书》《诗经》《仪礼》《礼记》《五经文字》《九经字样》《春秋左氏传》以及《开成石经》《陕西碑石菁华》及补遗卷。在碑刻卷部分里共收录了汉代至近代的碑刻 1000 余石。本卷《文庙释奠记》记录了当时文庙祭孔的活动。其祭品之丰盛、规模之宏大、人员之众多、礼节之诚敬,实乃盛况空前。《重修宣圣庙记》记载了元至正二十四年西安府官员修缮西安府文庙的经过。

ISBN:7-80632-616-2

主题词:碑帖—中国—古代

分类:艺术→书法、篆刻→中国书法、篆刻→碑帖、书法作品:按时代分

目录:第 2969 页　府学公据及重立文庙碑记　元至元十四年(1277)

第 2987 页　文庙释奠记　元至元十六年(1279)

《西安碑林全集》第 31 卷(碑刻)

作者及著作方式:高峡主编;李林娜、王原茵、王其祎副主编

出版时间:1999 年 12 月　页数:3143 页

丛书名:西安碑林全集

简介:《西安碑林全集》共 200 卷,主要包括碑刻、墓志、石刻线画、造像题记,还包括周易、尚书、诗经、仪礼、礼记、五经文字、九经字样、春秋左氏传以及开成石经、陕西碑石菁华及补遗卷。碑刻卷部分共收录了汉代至近代的碑刻 1000 余石。本卷《祭文宣王文》是明武宗年间,陕西镇守中官刘云撰文褒扬弘治十五年殿试第一授翰林院修撰者康海,以祭文宣王。

ISBN:7-80632-616-2
主题词:碑帖—中国—古代
分类:艺术→书法、篆刻→中国书法、篆刻→碑帖、书法作品:按时代分
目录:第 3056 页　重修西安府学文庙记　明成化十一年(1475)

《西安碑林全集》第 48 卷(碑刻)

作者及著作方式:高峡主编;李林娜、王原茵、王其祎副主编
出版时间:1999 年 12 月　页数:4659 页
丛书名:西安碑林全集

简介:《西安碑林全集》共 200 卷,主要包括碑刻、墓志、石刻线画、造像题记,还包括周易、尚书、诗经、仪礼、礼记、五经文字、九经字样、春秋左氏传以及开成石经、陕西碑石菁华及补遗卷。在碑刻卷部分里共收录了汉代至近代的碑刻 1000 余石。本卷碑刻《崇圣祠祀》,为了解孔庙在乾隆年间的沿革提供了翔实史料。

ISBN:7-80632-616-2
主题词:碑帖—中国—古代
分类:艺术→书法、篆刻→中国书法、篆刻→碑帖、书法作品:按时代分
目录:第 4604 页　文庙崇祀位次图　清雍正十三年(1735)

《孔庙史话》

作者及著作方式:曲英杰著
出版时间:2000 年 1 月　页数:179 页
丛书名:中华文明史话

简介:该书为第一部全面系统地介绍中外孔庙的读物。书中对曲阜本庙的设立、改建及发展演变历程,历代京城如汉魏洛阳、六朝建康、隋唐长安及明清北京等地所立"学庙"均有详述。

ISBN:7-5000-6252-4
主题词:孔庙—研究
分类:历史、地理→地理→中国地理→专类地理
目录:第 138 页　西安庙碑

《丝路景观》

作者及著作方式：西北城市党史工作协作会联络组、中共西安市委党史研究室、西安市旅游事业管理局编著

出版时间：2000 年 6 月　页数：263 页

简介：丝绸之路东起汉唐长安，经河西走廊，沿昆仑山脉和天山山脉向西延伸至古时的西域和地中海东岸。它横贯亚洲，连接欧亚大陆，全长达 7000 多公里，是古代世界上最长的路上商路。它的“凿空”是以张骞、班超为代表的中国古代劳动人民对世界文明的卓越贡献，是由中外无数商贾、外交使者、探险者、取经者、求学者、寻胜者、文化人等共同绘制的历史画卷，是连接西北、沟通世界的五彩长练。该书具有一定的知识性，内容丰富，图文并茂，具有一定的鉴赏意义。

ISBN：7-5418-1693-0

主题词：丝绸之路—景观—简介

分类：历史、地理→地理→中国地理→专类地理

目录：第 6 页　碑林博物馆

《中国旅游自助手册》

作者及著作方式：罗遂遂编著

出版时间：2000 年 7 月　页数：473 页

简介：该书分为西南地区、中南地区、华东地区、华北地区、西北地区、东北地区，分别介绍了各省市的概况、主要景点、旅游指南等。

ISBN：7-80594-676-0

主题词：旅游指南—中国

分类：历史、地理→地理→中国地理→专类地理

目录：第 377 页　(西安)碑林

《中国名胜古迹辞典》

作者及著作方式：程裕祯等编著

出版时间：2001 年 1 月　页数：609 页

简介:该辞典是在中国旅游出版社于20世纪80年代出版的《中国名胜古迹概览》的基础上进行增补和修订的。增补条目多达600余条,占原书内容总量的三分之一。

ISBN:7-5032-1793-6

主题词:名胜古迹—中国—词典

分类:历史、地理→地理→中国地理→专类地理

目录:第520页　(西安)文庙

《陕西古代园林》

作者及著作方式:赵琴华、秦建明著

出版时间:2001年6月　页数:116页

丛书名:陕西文史研究丛书

简介:中国古代著名的园林阿房宫、上林苑、华清池等都坐落于陕西。该书主要介绍了陕西古代主要园林,希望能引起读者对陕西古园林的兴趣。

ISBN:7-80628-490-7

主题词:文物—考古—陕西省—文集

分类:历史、地理→中国史→地方史志

目录:第100页　西安碑林

《中外旅游地理趣闻大观》

作者及著作方式:张长生主编

出版时间:2001年3月　页数:1226页

简介:该书是一部颇具特色,融科学性、知识性、趣味性为一体的科普读物。全书约120万字,包括《奇山异峰》《神秘洞府》《高塔林立》《名城荟萃》《世界奇观》《名胜趣谈》《奇乡异域》等10篇内容。

ISBN:7-81039-883-0

主题词:名胜古迹(学科:简介　地点:世界)

分类:历史、地理→地理→世界地理→名胜古迹

目录:第521页　陕西西安碑林

《500 景点游遍陕西》

作者及著作方式:惠焕章等编著

出版时间:2001 年 6 月　页数:364 页

简介:该书介绍陕西省 544 处重要的旅游景点,其中包括最著名的历史古迹和新建起来的旅游名胜,如西安城墙、半坡遗址、秦始皇陵等。

ISBN:7-5418-1787-2

主题词:名胜古迹—简介—陕西省

分类:历史、地理→地理→中国地理→专类地理

目录:第 5 页　碑林

《中国旅行宝典・陕西》

作者及著作方式:燕民主编

出版时间:2001 年 9 月　页数:160 页

简介:该书内容包括认识陕西、玩在西安、王顺山风景区、周原博物馆、乾陵地宫、柞水溶洞、中国第一口油井等。

ISBN:7-80158-057-5

主题词:旅游指南—中国—旅游指南—陕西省

分类:历史、地理→地理→中国地理→专类地理

目录:第 18 页　西安碑林

第 18 页　西安府文庙

《西安市志》第六卷(科教文卫)

作者及著作方式:西安市地方志编纂委员会编

出版时间:2002 年 6 月　页数:938 页

丛书名:陕西地方志丛书

简介:本卷为《西安市志》第六卷,包括科学技术志、文化艺术志、教育志、文物志、新闻出版志、卫生志、体育志等七个分志。

ISBN:7-80594-801-1

主题词:西安—地方志

分类:历史、地理→中国史→地方史志

目录:第 430 页　西安文庙

　　第 458 页　唐孔子庙堂碑

《旅游黄金线自助游手册·陕西》

作者及著作方式:《藏羚羊自助旅行手册》编写组供稿

出版时间:2002 年 9 月　页数:80 页

丛书名:旅游黄金线自助游手册

简介:该书介绍陕西省的旅游(自助游)的黄金路线,文字分为资讯和景点介绍两部分,并有地图和图片说明。

ISBN:7-5019-3758-3

主题词:旅游指南—陕西省

分类:历史、地理→地理→中国地理→专类地理

目录:第 7 页　碑林

《碑林区志》

作者及著作方式:西安市碑林区地方志编纂委员会编

出版时间:2003 年 3 月　页数:944 页

丛书名:陕西地方志丛书

简介:该书为西安的碑林区的方志,全书涉及古今中外人物 2000 多人,全面记述了此区的自然、社会、政治、经济和文化等各方面的历史和现状。

ISBN:7-80628-651-9

主题词:区(城市)—地方志—西安市

分类:历史、地理→中国史→地方史志

目录:第 714 页　附:《西安碑林碑石目录》(一)(二)和《原孔庙中碑石目一览表》

《游遍中国》陕西卷

作者及著作方式:李麟主编

出版时间:2003 年 10 月　页数:373 页

简介：该书是陕西省的旅游指南，对西安、咸阳、延安等地的阿房宫遗址、秦始皇陵、杨贵妃墓等景点以及具有特殊意义的景观与名胜进行了介绍。

ISBN：7-225-02435-3

主题词：旅游指南—中国

旅游指南—陕西省

分类：历史、地理→地理→中国地理→专类地理

目录：第 23 页　碑林博物馆

《陕西行知书》

作者及著作方式：豆豆著

出版时间：2004 年 1 月　页数：227 页

丛书名：酷驴丛书

简介：该书是图文并具的陕西省旅游指南，结合多幅线路图、示意图，以西安为起点，"北上陕北，东往渭南，西到宝鸡，南下汉中"，提供了八百里秦川的游览路线。

ISBN：7-80653-448-2

主题词：旅游指南—陕西省

分类：历史、地理→地理→中国地理→专类地理

目录：第 69 页　碑林

《世界孔庙》第 1 卷

作者及著作方式：中国孔庙保护协会、曲阜孔子博物院编；陈传平主编

出版时间：2004 年 9 月　页数：270 页

简介：该书是一部系统介绍孔庙这一独具中国特色的世界性庙宇的专著。内容包括概述、千古一庙万世同宗、国兴太学世盛文昌等。

ISBN：7-5010-1662-3

主题词：孔庙—图集

分类：历史、地理→地理→中国地理→专类地理

目录：第 78 页　西安孔庙

《中国孔庙保护协会论文集》

作者及著作方式:中国孔庙保护协会编;张敏杰主编

出版时间:2004 年 9 月　页数:339 页

简介:该书分为孔庙的历史沿革、孔庙的保护与利用、孔庙的建筑特色、孔庙与儒学传播四部分,编收相关论文 40 余篇。

ISBN:7-5402-1630-1

主题词:孔庙(学科:文物保护)

分类:历史、地理→地理→中国地理→专类地理

目录:第 13 页　西安孔庙历史溯源　路远

《古都西安·西安教育史》

作者及著作方式:刘新科、刘兰香著

出版时间:2005 年 3 月　页数:330 页

丛书名:古都西安丛书

简介:该书对西安原始时期、西周时期、秦汉代时期、魏晋南北朝时期、唐代、北宋、金元时期以及明清至民国时期的教育进行了全面阐述。

ISBN:7-80712-107-6

主题词:教育史—西安市

分类:文化、科学、教育、体育→教育→中国教育事业→地方教育

目录:第 169 页　一、州、县学的设立

　　第 195 页　第二节　府、县学的设置与管理

　　第 233 页　第二节　西安府、县学的演变

《中国建筑文化数据库图目》

作者及著作方式:王家兰主编

出版时间:2005 年 7 月　页数:221 页

简介:该书以中国古建筑图文数据为核心,首次将反映古代建筑、园林形象的宋、元、清代山水画以及主要拍摄于民国时期的中国建筑参考图集、宗教建筑和 20 世纪 30 年代古建筑照片等整理成册并出版。本数据库将珍

贵的图文资料数字化、网络化，意义重大，实用价值高。

ISBN:7-5618-2155-7

主题词:建筑艺术—中国—图集

分类:工业技术→建筑科学→建筑艺术→建筑艺术图集

《陕西名胜概览》

作者及著作方式:谢长峰编

出版时间:2007 年 1 月　页数:650 页

简介:该书介绍了陕西境内 1600 余处名胜古迹的地理方位、历史沿革、古况今貌、逸闻趣事等。

ISBN:7-80736-104-2

主题词:名胜古迹—简介—陕西省

分类:历史、地理→地理→中国地理→专类地理

《碑林集刊》(十二)

作者及著作方式:西安碑林博物馆编;赵力光主编

出版时间:2007 年 2 月　页数:337 页

简介:《碑林集刊》是由西安碑林博物馆主办的专业性学术年刊。旨在

立足碑林，面向全国，以碑石墓志、石刻艺术类文物研究为基本特色，同时开设文史研究、文物丛谈、博物馆学等栏目。该刊包括碑志考释、新出墓志、石刻艺术、文史论坛、读碑札记、隋代研究、文献天地、文物丛谈、博物馆学等栏目。

ISBN:7-5368-2096-8

主题词:碑刻—西安市—古代—丛刊

分类:历史、地理→文物考古→中国文物考古→古书契

目录:第183页　西安碑林所藏七块清代《阴骘文》碑刻　罗宁丽

第315页　2002年西安孔庙戟门维修报告　刘东平

《考史游记》

作者及著作方式:[日]桑原骘藏著;张明杰译

出版时间:2007年8月　页数:439页

丛书名:近代日本人中国游记

简介:该书由长安之旅、山东河南游记、东蒙古纪行三个部分组成，记述了作者所探访的一些重要史迹，包括古建筑、陵墓、碑碣等，记录了所经之地的山川景物、风土物产及政治、经济、交通、文化等社会状况。

ISBN:7-101-05681-4

主题词:游记—作品集—日本—近代

分类:文学→亚洲文学

目录:第290页　图片41长安文庙

《中国西安旅游》

作者及著作方式:潘利田主编

出版时间:2007年9月　页数:183页

简介:该书为解读古城西安，了解中国历史所作。书中较为详尽地介绍了古城西安著名的历史名胜古迹，并为读者推荐了西安游、食、住、行、购等佳地。

ISBN:978-7-80712-380-4

主题词:旅游指南—西安市

分类:历史、地理→地理→中国地理→专类地理

目录:第 15 页　西安碑林博物馆

《漫步儒院》

作者及著作方式:孙建华编著

出版时间:2008 年 1 月　页数:240 页

丛书名:漫步中国　中国文化深度旅游图文指南丛书　宗教系列 3

简介:该书内容包括中国儒院整体概述,中国四孔圣地介绍,中国分省首推儒院及其他著名儒院综合指南。

ISBN:978-7-5004-6625-3

主题词:儒家—书院—简介—中国

分类:文化、科学、教育、体育→教育→高等教育→世界各国高等教育概况

目录:第 150 页　西安文庙(碑林)

《张驭寰文集》第 11 卷(祠庙、书院、会馆、汾水集、内蒙古考察)

作者及著作方式:张驭寰著

出版时间:2008 年 1 月　页数:375 页

简介:该书分为"祠庙、书院、会馆""晋南游草(汾水集)"和"内蒙古考察"三编,内容包括武当山之宫观、涡阳老子庙(老君庙)、汾阳太符观正殿建筑之分析、北岳庙庙貌之美、胡氏大宗祠、五顶式楼阁建筑。

ISBN:978-7-5034-2037-5

主题词:张驭寰—文集

古建筑—建筑艺术—中国—文集

分类:工业技术→建筑科学→建筑理论→建筑史

目录:第 119 页　西安文庙的碑林

《丝绸之路文化旅游手册》

作者及著作方式:《丝绸之路》编辑部编著

出版时间:2008 年 8 月　页数:211 页

简介：该书由六部分组成，将丝绸之路国内段，包括六省区（即河南、陕西、甘肃、宁夏、青海、新疆），由东到西分别予以介绍，囊括了300多处景点。

ISBN：978-7-80714-609-4

主题词：丝绸之路—旅游指南

分类：历史、地理→地理→中国地理→专类地理

目录：第27页 （西安）碑林

《中国佛道儒教楹联精选》

作者及著作方式：解维汉编选

出版时间：2008年9月 页数：278页

丛书名：龙魂楹联文化丛书

简介：该书收集中国佛、道、儒教楹联2847副，佛教按寺、庵分类，道教按观、宫、庵、庙（城隍庙、土地庙、财神庙、东岳庙、吕祖庙）分类，儒教按文庙、武庙分类。

ISBN：978-7-224-08391-0

主题词：对联—作品集—中国

分类：文学→中国文学→杂著

目录：第232页 西安孔庙

《中国科学技术史》第4卷（物理学及相关技术）第3分册（土木工程与航海技术）

作者及著作方式：[英]李约瑟著；汪受琪等译

出版时间：2008年10月 页数：1030页

简介：该书史料丰富，分析详尽，并通过大量的东西方比较研究，全面系统地阐释了中国古代科学技术的辉煌成就及其对世界文明的重大贡献。该分册论述了中国古代土木工程及航海技术的发展历史和主要成就。

ISBN：978-7-03-022422-4

主题词：自然科学史—中国

土木工程—技术史—中国

航海—技术史—中国

分类:自然科学总论→自然科学理论与方法论→自然科学史

《碑林集刊》(十五)

作者及著作方式:西安碑林博物馆编

出版时间:2009 年 12 月　页数:428 页

简介:该刊包括读碑札记、碑志研究、新出墓志、文献天地、文物丛谈、文史论坛、博物馆学、补白等栏目。

ISBN:978-7-80736-734-5

主题词:碑林—西安市—古代—丛刊

分类:历史、地理→文物考古→中国文物考古→古书契

《儒学之旅:全国孔庙、书院、贡院、考棚完全手册》

作者及著作方式:杨刚编著

出版时间:2009 年 9 月　页数:182 页

简介:该书搜集了全国各地的孔庙、书院、科举考场等旅游景点,以自助旅游手册的方式来帮助中外游客更深入地了解中国儒学文化。该书还扼要地介绍了孔子与儒学,并通过儒学与古代科举制度之间的密切关系来了解儒学在我国发展的大致情况。

ISBN:978-7-5600-8423-7

主题词:旅游指南—中国

分类:历史、地理→地理→中国地理→专类地理

《中国自助游》

作者及著作方式:《中国自助游》编委会编

出版时间:2009 年 10 月　页数:735 页

丛书名:悠生活·旅游大玩家

简介:该书系统介绍了中国各省、自治区、直辖市的主要旅游景点3025个,还提供了与旅游地相关的饮食、交通、住宿、购物、娱乐等资讯。该书辅以人性化图片、示意图等,为大众旅游提供便捷查询。

ISBN:978-7-5019-7091-9

主题词:旅游指南—中国

分类:历史、地理→地理→中国地理→专类地理

目录:第256页　西安碑林博物馆

《行走陕西》

作者及著作方式:豆豆著

出版时间:2010年1月　页数:228页

丛书名:酷驴行走中国

简介:以西安为起点,北上陕北,东往渭南,西到宝鸡,南下汉中,在八百里秦川,寻找秦时明月汉时关。

ISBN:978-7-80766-205-1

主题:旅游指南—陕西

分类:历史、地理→地理→中国地理→专类地理

目录:第65页　碑林

《中国古建筑源流新探》

作者及著作方式:张驭寰著

出版时间:2010年3月　页数:359页

简介:该书中涉及古建筑方面的知识,涵盖了宫殿、庙宇、民居等。

ISBN:978-7-5618-3363-6

主题词:古建筑—研究—中国

分类:工业技术→建筑科学→建筑理论→建筑史

目录:第113页　西安文庙碑林

《孔子百科辞典》

作者及著作方式：张岱年主编

出版时间：2010 年 8 月　页数：889 页

简介：该辞典收词 3600 余条，120 余万字。分类编排，全书分为生平事迹、思想体系、典籍文献、弟子后学、历史背景、孔学在先秦乃至近代以来流传、孔学在海外流传等类。每类下又各有许多栏目，如生平事迹中包括称谓封号、祖先亲属、事迹传说、文物遗迹等内容，孔子思想中包括政治法律、哲学宗教、教育伦理、史学、逻辑、美学、经济管理、军事、养生等思想，典籍文献中包括六经典籍、论语注本、四书注疏、出土文献等内容。

ISBN：978-7-5326-3053-0

主题词：孔丘（前 551—前 479）—生平事迹

　　孔丘（前 551—前 479）—哲学思想

分类：哲学、宗教→中国哲学→先秦哲学→儒家

目录：第 55 页　事迹传说・西安文庙

《孔庙史话》

作者及著作方式：曲英杰著

出版时间：2011 年 8 月　页数：176 页

丛书名：物化历史系列

简介：该书以孔庙的分布作为主线，介绍了孔庙在中国各个朝代的发展演变以及历朝历代的祭孔活动和礼仪，并详细介绍了在古代朝鲜、日本、越南等国的孔庙建制及祭孔活动。由此使读者了解孔庙作为中华文明特有的文化景观对亚洲传统文化的发展具有强大的辐射力。

ISBN：978-7-5097-2544-3

主题词：孔庙—历史

分类：历史、地理→地理→中国地理→专类地理

目录：第 132 页　西安庙碑

《碑林集刊》(十七)

作者及著作方式:西安碑林博物馆编

出版时间:2011 年 12 月　页数:357 页

简介:《碑林集刊》是由西安碑林博物馆主办的国内唯一以碑石文物为研究对象的专业性学术年刊。主要以碑石墓志、石刻艺术类文物研究为基本特色。该辑内容主要包括新出土墓志、碑志考释、石刻艺术、文史论坛、文献天地、新书评介、博物馆学、补白等。

ISBN:978-7-5510-0648-X

主题词:碑刻—西安市—古代—丛刊

分类:历史、地理→文物考古→中国文物考古→古书契

目录:第 1 页　西安碑林所藏与海东关联墓志概述　赵力光

第 84 页　西安碑林藏元《耶律世昌墓志》考　段志凌、杨戬

第 334 页　西安府文庙现存古建筑研究　白海峰、王如冰

《商辂集》(上)

作者及著作方式:(明)商辂著;孙福轩编校

出版时间:2012 年 6 月　页数:349 页

丛书名:浙江文丛

简介:《商辂集》是商辂诗文作品的首次整理。商辂(1414—1486),字弘载,号素庵,浙江淳安人。乡试、会试、殿试三元及第,榜列魁首。历官英宗、代宗、宪宗三朝。为人刚正不阿,宽厚有容,为明中叶之重臣。本书以明万历三十年刘体元编十卷本《商辂公集》为基础,辑补了其他刻本的不少内容,并加以比勘,厘定为包括讲章、奏疏、表、论、策、赋、诗、词、序跋、记、启、书简、杂著、笔记、行状、传赞、祭文、墓表、墓志、墓碑铭、神道碑铭等多种文体,共二十五卷。

ISBN:7-80715-882-4

主题词:中国文学—古典文学—作品综合集—明代

分类:文学→中国文学→作品集

目录:第 261 页　西安府学文庙碑(阙)

《碑林集刊》(二十)

作者及著作方式:西安碑林博物馆编

出版时间:2015 年 2 月　页数:373 页

简介:《碑林集刊》(二十)为西安碑林博物馆 2013 年年刊,主要有新出墓志、碑志考释、文史论坛、文献天地、文物丛谈、博物馆学等栏目,大体反映了 2012 年度我国石刻文献领域的研究成果。

ISBN:978-7-5518-0977-1

主题词:碑刻—西安—古代—丛刊

分类:历史、地理→文物考古→中国文物考古→古书契

《双城记:西安与郑州当代城市设计文化比较研究》

作者及著作方式:薛峰著

出版时间:2015 年 8 月　页数:232 页

简介:该书是一本选取西安与郑州两个具有代表性城市,进行城市设计文化多方面比较的学术专著。全书约 20 万字,图片 50 余幅。

ISBN:978-7-5077-4831-4

主题词:城市规划—建筑设计—对比研究—西安市、郑州市

分类:工业技术→建筑科学→区域规划、城乡规划→城市规划

《陕西古建筑》

作者及著作方式:王军、李钰、靳亦冰编

出版时间:2015 年 12 月　页数:328 页

丛书名:中国古建筑丛书

简介:该书系统论述了陕西古代建筑的发展、各类建筑的分布及特点。不仅展示了中国古建筑的建造知识,还全面介绍了中国古代建筑的历史、文化和人文特征,充分体现了中国古代建筑的卓越成就。

ISBN:978-7-112-18828-4

主题词:古建筑—介绍—陕西省

分类:历史、地理→地理→中国地理→专类地理

《陕西祠庙》

作者及著作方式:林源、喻梦哲主编

出版时间:2019 年 12 月　页数:243 页

丛书名:中国古建筑测绘大系　祠庙建筑

简介:该书主要收录了陕西的七处祠庙建筑——西安文庙(碑林博物院)、西安城隍庙、西安东岳庙、户县东岳庙(化羊庙)、三原城隍庙和华阴西岳庙,适用于建筑历史专业学生、教师和中国古建筑研究的相关从业者和研究人员。

ISBN:978-7-112-19901-3

主题词:祠堂—古建筑—建筑测量—陕西省—图集

分类:历史、地理→地理→中国地理→专类地理

《碑林三学街文史宝典》

作者及著作方式:张永禄主编

出版时间:2017 年 3 月　页数:436 页

简介:《碑林三学街文史宝典》本着还原历史发展轨迹,挖掘历史深层规律,再现碑林三学街街区全貌的原则,以碑林三学街为写作中心,通过历史研究论述及资料汇编的形式,收集丰富史料和珍贵照片,全面、生动、客观地展现唐末至明清长安城城市变迁、三学街历史概貌、碑林的文物藏品、历代名人事迹、街区研究及保护情况等丰富有趣的内容。

ISBN:978-7-5541-2090-3

主题词:碑林—史料—西安

分类:历史、地理→文物考古→中国文物考古→古书契

第375页　第九编　第一章　碑林、关中书院、城墙研究

《西安碑林名碑书法艺术赏析》

作者及著作方式：王冰编著

出版时间：2017年5月　页数：285页

简介：该书内容包括峄山刻石碑、山坟记碑、美原神泉诗序碑、梦英篆书千字文碑、篆书目录偏旁字源碑等。

ISBN：978-7-5010-4866-3

主题词：汉字—书法—鉴赏—中国

分类：艺术→书法、篆刻→中国书法、篆刻→书法

目录：第103页　孔子庙堂碑

《陕西孔庙》

作者及著作方式：裴建平主编

出版时间：2016年　页数：230页

简介：该书从历史溯源、建筑遗存、祭器碑刻、文化传承等方面展示了陕西孔庙的渊源发展，较为完整地体现了地域孔庙文化一脉相承的传承历史。最后一部分《陕西孔庙调研报告》全面反映了陕西孔庙的历史与现状，分析了存在的问题，提出了建议。

ISBN：978-7-224-11954-1

主题词：孔庙—介绍—陕西省

分类：历史、地理→地理→中国地理→专类地理

目录：第14页　西安孔庙

《陕西孔庙遗存及其文化价值研究》

作者及著作方式：王长坤著

出版时间：2017年11月　页数：359页

简介：该书搜集陕西地区各类方志、石刻资料，结合实地调查，对陕西孔庙遗存资料进行了系统的归纳、整理和研究，通过对陕西各地孔庙遗存实例的分析，透视陕西传统社会政治、经济、文化发展的状况，探讨儒家和中国古

代思想文化的发展和演变，归纳出陕西孔庙历史发展的特点及其文化价值。

ISBN：978-7-03-054998-3

主题词：孔庙—文物保护—研究—陕西

分类：历史、地理→地理→中国地理→专类地理

《风雨沧桑九百年：图说西安碑林　古代建筑·石刻艺术》

作者及著作方式：赵力光编著

出版时间：2017 年 11 月　页数：242 页

简介：该书以西安碑林九百余年历史为线索，图文并茂，在馆藏碑石文字内容、文化背景、历史事件、书法艺术鉴赏，及对馆藏陵墓石刻、佛教造像、孔庙古建艺术欣赏等方面，对碑林历经 900 年所保存下来的中华民族传统文化艺术进行诠释。本册为古代建筑和石刻艺术部分。其中石刻艺术部分主要包括陕北汉画像石、陵墓石刻、宗教造像等部分。

ISBN：978-7-5604-3842-9

主题词：碑刻—介绍—西安

分类：历史、地理→文物考古→中国文物考古→古书契

《古都西安》

作者及著作方式：黄震绘画、撰文

出版时间：2017 年 5 月　页数：111 页

丛书名：故园画忆系列

简介：该书是故园画忆系列中的一本，以钢笔画的手法描绘了古都西安的历史建筑、乡土民居、民风民俗，生动细致地刻画了西安的历史文化遗存和生活场景。同时，本书配有简短的中英两种文字对每一幅图画进行解读，使中外读者能在欣赏精美绘画的同时，了解更多的历史文化信息和当地的风土民情。

ISBN:978-7-5077-5175-8

主题词:钢笔画—作品集—中国—现代
　　　西安—概况

分类:艺术→绘画→中国绘画作品→素描、速写

《中国文化史迹》第 9 卷

作者及著作方式:浙江人民美术出版社编

出版时间:2017 年 6 月　页数:186 页

简介:该书是对中国传统文化史迹图像资源的汇编,共收入稀见文物史料遗迹照片约 3000 张,对于研究文物成就、中国传统文化及文明有重要的参考价值。

ISBN:978-7-5340-5847-9

主题词:文化史—中国

分类:历史、地理→中国史→通史→文化史

《虞世南楷书孔子庙堂碑》

作者及著作方式:中华书局编辑部编

出版时间:2017 年 7 月　页数:80 页

丛书名:中国古代书法名家名碑名本

简介:《孔子庙堂碑》又名“夫子庙堂碑”,唐贞观四年(630)刻立于长安孔庙,虞世南撰文并楷书。今传世重刻碑还有两种,一在陕西西安(俗称“西庙堂碑”),一在山东城武(俗称“东庙堂碑”)。西庙堂碑,北宋建隆、乾德年间(960～968)王彦超重摹于陕西西安,三十四行本,字口较肥。碑阴刻宋《勃兴颂》。明嘉靖三十四年(1555)地震,石断为三,缺 170 余字。此石原在文庙,后移至西安碑林。本书选用上海图书馆藏西庙堂碑,系明代断后初拓本。邹方锷、庞泽銮均审定为“宋拓本”。此本与西安碑林博物馆藏翁方纲跋本同属明代断后初拓本,未见此刻有更早拓本,故弥足珍贵。

ISBN:978-7-101-12312-8

主题词:楷书—碑帖—中国—唐代

分类:艺术→书法、篆刻→中国书法、篆刻→碑帖、书法作品:按时代分

《西安碑林故事》

作者及著作方式:贺华编著

出版时间:2017 年 10 月　页数:201 页

简介:该书是有关碑林博物馆藏品的故事,分为 14 个部分。往事如歌,包含西安孔庙溯源、孔庙府学合一、何时称为碑林、碑石迁移历程、碑林历代整修等内容,是碑林历史的回顾。文庙访古,包含万仞宫墙、礼门义路、太和元气坊、泮池、棂星门、大成殿等内容,介绍孔庙的布局。碑亭史话,阐述馆内重要碑刻的历史故事。篆书拾遗、隶书采英、行书撷芳、楷书集萃、草书觅珍部分,分别是对碑林所藏篆书、隶书、行书、楷书、草书等各类书法名篇进行介绍。墓志英华、箴言古训、史迹轶事部分,叙述墓志、古训等蕴含的历史故事。石刻殿堂、佛韵贞宝部分讲述馆内所藏珍贵石刻造像。

ISBN:978-7-224-12435-4

主题词:碑林—史料—西安

分类:历史、地理→文物考古→中国文物考古→古书契

目录:第 2 页　西安孔庙溯源
第 3 页　孔庙府学合一
第 75 页　孔子庙堂碑

《中国孔庙保护协会第二十次年会论文集》

作者及著作方式:中国孔庙保护协会、旌德县文化旅游发展委员会编

出版时间:2017 年 10 月　页数:539 页

简介:该书收录了全国范围内的 50 余篇关于各地孔庙研究的论文,作者多为长期从事孔庙保护管理的工作者,字里行间体现了他们的工作心得与学术研究成果。本论文集宏观地反映了目前各地方儒家思想传播、文化教育发展的总体脉络和状况,从史学角度呈现出民族文化的统一性、普遍性和认同感。

ISBN:978-7-5010-5259-2

主题词:孔庙—文物保护—文集

分类:历史、地理→地理→中国地理→专类地理

目录:第 358 页　西安孔庙沿革梳理　段志凌、刘东平
第 368 页　西安孔庙与西安“三学”　马志祥

《中国古代建筑与艺术》

作者及著作方式:[日]关野贞著;胡稹、于姗姗译

出版时间:2017 年 11 月　页数:472 页

丛书名:近代以来海外涉华艺文图志系列丛书

简介:在中日两国建筑史上,关野贞无疑都具有十分重要的地位,他所建立的遗产调查、研究方法和保护理念,对后世有着深远的影响。1906～1935 年,关野贞对中国建筑进行了广泛考察和深入研究,拍摄了大量照片,全面记录了 20 世纪初中国建筑遗产的保存状况,后被汇编为《中国古代的建筑与艺术》一书。书中的照片及文字在见证关野贞中国建筑研究生涯的同时,也使他参与了近代中国建筑史学的建构过程。

ISBN:978-7-5146-1326-1

主题词:古建筑—建筑史—中国—图集

分类:工业技术→建筑科学→建筑理论→建筑史

目录:第 103 页　第六章　西安文庙与碑林

《陕西碑刻总目提要初编》第 2 册

作者及著作方式:吴敏霞主编;刘思怡、王珂分册主编

出版时间:2018 年 12 月　页数:340 页

简介:该书收录陕西境内历代碑、墓志、墓砖、摩崖石刻、造像题记、经幢、塔铭等多种类型的石刻资料,年代上自秦汉,下迄民国末年,著录信息包括碑名、年代、形制、行字、撰书刻者、纹饰、出土地、现藏地、著录情况及提要等多方面内容。

ISBN:978-7-03-051374-8

主题词:碑刻—内容提要—陕西—古代

分类:历史、地理→文物考古→中国文物考古→古书契

目录:第 205 页　重修西安府学文庙记

《晚清民国时期中国名胜古迹图集》第 9 卷

作者及著作方式:[日]常盘大定、[日]关野贞著;王铁钧、孙娜译

出版时间:2019 年 6 月　页数:294 页

简介:这是一部全面系统介绍中国古迹建筑等的大型著录。作者先后数十次实地勘察、搜集,拍摄的照片、拓片几乎囊括所有当时保存尚好的名胜古迹,取材范围广泛,收录内容丰富,附加解释详细。

ISBN:7-5146-1726-9

主题词:名胜古迹—中国—近现代—图集

分类:历史、地理→地理→中国地理→专类地理

目录:第 10 页　文庙(西安)

　　第 26 页　碑林

蒲城文庙

《陕西名胜古迹》

作者及著作方式:陕西省文物管理委员会编

出版时间:1986 年 12 月　页数:505 页

丛书名:陕西历史文物丛书

简介:该书将陕西各县的名胜古迹进行了系统归类、整理,以文字介绍为主,并辅以照片。由于历史原因,许多名胜古迹遭受了不同程度的破坏,经过多次调查研究,该书在初稿的基础上,不仅增补了各县的历史沿革,而且所搜集的名胜古迹单位,只提供现存的、可供参观的遗迹和遗物。有名无实的,暂无收录。

统一书号:11094・174

主题词:名胜古迹(地点:陕西)

分类:历史、地理→地理→中国地理→专类地理

目录:第 267 页　蒲城文庙

《三秦历史文化辞典》

作者及著作方式:袁明仁、李登弟、山岗等主编

出版时间:1992 年 10 月　页数:1032 页

简介:该书收词目 4529 条,分为历史、文献、哲学、教育、宗教、文学、艺术等 20 部分。

ISBN:7-5419-3161-6

主题词:文化史(地点:陕西　学科:词典)

分类:历史、地理→中国史→地方史志

目录:第 925 页　蒲城文庙

《蒲城县志》

作者及著作方式:蒲城县志编纂委员会编;刘福谦主编

出版时间:1993 年 7 月　页数:831 页

简介:新编《蒲城县志》以马克思主义为指导,坚持历史唯物主义与辩证唯物主义,本着古为今用、详今略古原则,突出时代特点和地方特色,融思想性、资料性、科学性为一体。纵览全志,不仅可以了解蒲城历史发展大脉络,而且能追踪各个行业的兴衰变化。

ISBN:7-80076-478-8

主题词:地方志(地点:陕西省　地点:蒲城县)

分类:历史、地理→中国史→地方史志

目录:第 486 页　第一节　县学

《中国龙文化景观》

作者及著作方式:潘一焕、杨建原、潘晓宇编著

出版时间:1993 年 12 月　页数:406 页

简介:该书融实用性、知识性和趣味性于一体,介绍了遍布中国大地 900 处龙名旅游景点和景观。

ISBN:7-5032-0963-1

主题词:名胜古迹(地点:中国)

分类:历史、地理→地理→中国地理→专类地理

目录:第 382 页　蒲城文庙"六龙壁"

《黄帝陵与龙文化　摄影集》

作者及著作方式:李西兴主编

出版时间:1994 年 3 月　页数:136 页

简介:该书收录陕西地区上至新石器时期、下迄近代有关龙的文物100多件,还收录黄帝陵的典型古迹名胜景色照和历史照、名人题词、手迹等。

ISBN:7-5325-1793-4

主题词:黄帝—陵墓(学科:研究)

图腾—出土文物(地点:陕西 学科:图录)

分类:历史、地理→文物考古→中国文物考古→遗址

目录:第94页 韩城市文庙六龙照壁(明)

第94页 蒲城文庙六龙照壁

《可爱的陕西》

作者及著作方式:刘万兴、李润乾编著

出版时间:1994年3月 页数:1045页

简介:该书全面系统介绍了陕西的自然风貌、悠久历史、经济振兴、教育奠基、科技兴陕、文体发展、文物名胜、名土特产、民俗风情等情况,全景式展现了三秦大地的生动画面。该书内容丰富,资料翔实,有较高的保存价值。

ISBN:7-80546-744-7

主题词:陕西—地方史

分类:历史、地理→中国史→地方史志

目录:第791页 五十七、韩城文庙

第796页 六十五、蒲城文庙

《中国孔庙》

作者及著作方式:高文、范小平编著

出版时间:1994年10月 页数:153页

简介:该书在查阅大量历史文献、实地考察各地孔庙的基础上,对中国孔庙进行了系统研究。这是迄今为止,系统介绍中国孔庙的第一本书。该书图文并茂,史料翔实,为儒学研究和孔庙研究提供了新资料,为挖掘、整理、弘扬中华民族优秀文化遗产写下了新篇章。

ISBN:7-80575-659-7

主题词:孔庙—建筑史(地点:中国)

建筑史—孔庙(地点:中国)

分类:工业技术→建筑科学→建筑理论→建筑史

目录:第 87 页　79.陕西蒲城文庙

《500 景点游遍陕西》

作者及著作方式:惠焕章等编著

出版时间:2001 年 8 月　页数:364 页

简介:该书介绍陕西省 544 处重要的旅游景点,其中包括最著名的历史古迹和新建起来的旅游名胜,如西安城墙、半坡遗址、秦始皇陵等。

ISBN:7-5418-1787-2

主题词:名胜古迹—简介—陕西省

分类:历史、地理→地理→中国地理→专类地理

目录:第 239 页　蒲城文庙

《中国旅行宝典·陕西》

作者及著作方式:燕民主编

出版时间:2001 年 9 月　页数:160 页

简介:该书内容包括认识陕西、玩在西安、王顺山风景区、周原博物馆、乾陵地宫、柞水溶洞、中国第一口油井等。

ISBN:7-80158-057-5

主题词:旅游指南—中国

旅游指南—陕西

分类:历史、地理→地理→中国地理→专类地理

目录:第 104 页　蒲城文庙

《陕西树木奇观》

作者及著作方式:陕西省林业厅编

出版时间:2001 年 10 月　页数:128 页

简介:该书按原林业部制订的编写原则,分为古树名木、名人名树、古园秀林、丽树名花、奇树异木、变异古木、国之瑰宝、宝树藏真等 11 个部分。

ISBN:7-5613-2267-4

主题词:木本植物—陕西省

分类:农业科学→林业→林业基础科学→森林地理学、森林分布

目录:第27页　24.蒲城文庙古槐树

《陕西东府名胜与民俗(上)　胜景古迹》

作者及著作方式:王杰山编著

出版时间:2004年12月　页数:522页

简介:《陕西东府名胜与民俗》是介绍渭南名胜与民俗的通俗读物,是当地干部群众、青年学生和有意来渭南开发建设、旅游观光的国内外人士了解渭南、认识渭南的资料性图书,同时也是在国内外工作和定居的渭南籍人士回味家乡、热爱故土的有益读本。该部分共11章,较为全面介绍了四大风景区的胜景古迹,把东府渭南秀美夺目的山水泉原,古老璀璨的名胜古迹逐一展现在读者面前。

ISBN:7-5418-2015-6

主题词:陕西—旅游

分类:历史、地理→地理→中国地理→专类地理

目录:第182页　蒲城文庙

《陕西蒲城文学·散文》

作者及著作方式:鱼茂胜、万少平主编

出版时间:2005年9月　页数:815页

简介:蒲城自先秦设置重泉县以来,迄今已有2300多年的历史。该书编选的散文作品,上至春秋,下至当代,较为全面反映了各个不同历史时期的人物及风貌,为后人系统了解蒲城、研究蒲城提供了方便。

ISBN:7-104-02182-5

主题词:文学—作品综合集—蒲城县

分类:文学→中国文学→作品集→地方作品综合集

目录:第556页　蒲城文庙“六龙壁”　王兰州

《陕西文物古迹大观(三)》

作者及著作方式:陕西省文物局编

出版时间:2006 年 10 月　页数:590 页

简介:该书是 1998 年和 2003 年陕西省文物局编写出版的第一、二册《陕西省文物古迹大观》的续编,对陕西省人民政府公布的第一批至第四批省级文物保护单位运用最新资料作了科学而又比较详细的概述,并配有大量照片和插图。

ISBN:7-80736-121-2

主题词:名胜古迹—简介—陕西省

分类:历史、地理→地理→中国地理→专类地理

目录:第 161 页　蒲城文庙

《陕西名胜概览》

作者及著作方式:谢长峰编

出版时间:2007 年 1 月　页数:650 页

简介:该书介绍了陕西境内 1600 余处名胜古迹的地理方位、历史沿革、古况今貌、逸闻趣事等。

ISBN:7-80736-104-2

主题词:名胜古迹—简介—陕西省

分类:历史、地理→地理→中国地理→专类地理

目录:第 507 页　蒲城文庙

《旅途珍翰》

作者及著作方式:《书法》杂志编辑部编

出版时间:2008 年 1 月　页数:312 页

丛书名:书法文库

简介:该书摘自《书法》杂志"名胜书艺"专栏文章,不仅可作为欣赏书法的向导,还可以在旅游中寻找优秀的书法作品。

ISBN:7-80725-438-6

主题词:汉字—书法—艺术评论—文集

汉字—篆刻—艺术评论—文集

分类:艺术→书法、篆刻→中国书法、篆刻

目录:第 229 页　蒲城文庙及云麾将军碑　吴振峰

《中国佛道儒教楹联精选》

作者及著作方式:解维汉编选

出版时间:2008 年 9 月　页数:278 页

丛书名:龙魂楹联文化丛书

简介:该书收集中国佛、道、儒教楹联 2847 副,佛教按寺、庵分类,道教按观、宫、庵、庙(城隍庙、土地庙、财神庙、东岳庙、吕祖庙)分类,儒教按文庙、武庙分类。

ISBN:978-7-224-08391-0

主题词:对联—作品集—中国

分类:文学→中国文学→杂著

目录:第 233 页　蒲城文庙

《渭南历史通鉴》第 5 卷(文物胜景)

作者及著作方式:王杰山编著

出版时间:2009 年 5 月　页数:753 页

简介:该书是一部介绍渭南历史沿革、经济发展、人文历史、民风民俗的区域性历史读物,全方位、多角度介绍了渭南行政区域内上下五千年的人文历史,内容生动翔实,史料丰富。该卷包括文化遗址、帝王陵墓、将相墓冢、乡贤坟茔、碑碣墓志、寺院庙宇、名楼古塔、风景名胜以及渭南土特产和民间工艺等部分。

ISBN:978-7-5059-5899-9

主题词:历史读物—中国—当代

分类:历史、地理→中国史→地方史志

目录:第 110 页　蒲城碑林

第 116 页　蒲城文庙

第 639 页　瞻蒲城文庙　王杰山

《儒学之旅:全国孔庙、书院、贡院、考棚完全手册》

作者及著作方式:杨刚编著

出版时间:2009 年 9 月　页数:182 页

简介:该书搜集了全国各地的孔庙、书院、科举考场等旅游景点,以自助旅游手册的方式来帮助中外游客更深入地了解中国儒学文化。该书还扼要地介绍了孔子与儒学,并通过儒学与古代科举制度之间的密切关系来了解儒学在我国发展的大致情况。

ISBN:978-7-5600-8423-7

主题词:旅游指南—中国

分类:历史、地理→地理→中国地理→专类地理

目录:第 157 页　蒲城文庙(省保)

《文物古迹》

作者及著作方式:成江海、李东平、雷珺本册主编

出版时间:2012 年 9 月　页数:180 页

丛书名:渭南历史文化丛书

简介:该书为渭南历史文化丛书中之一部。书中全面介绍了渭南市范围内的文物古迹的具体信息,并辅以图片,增强了图书的可读性。

ISBN:978-7-224-10228-4

主题词:名胜古迹—介绍—渭南市

分类:历史、地理→地理→中国地理→专类地理

目录:第 46 页　蒲城文庙

　　第 66 页　蒲城文庙六龙壁

《(康熙)蒲城县志》

作者及著作方式:陕西省蒲城县地方志办公室校注

出版时间:2014 年 10 月　页数:470 页

简介:《(康熙)蒲城县志》是康熙五年(1666)蒲城县志和康熙五十三年(1714)蒲城县志续集,共约 31.5 万字,由陕西省蒲城县地方志办公室校注。

ISBN:978-7-5034-5529-2

主题词:蒲城县—地方志—清代

分类:历史、地理→中国史→地方史志

目录:第 25 页　学宫图

　　第 56 页　学宫

《蒲城县教育志》

作者及著作方式:蒲城县教育志编纂委员会编;谢德运主编

出版时间:2015 年 12 月　页数:926 页

简介:《蒲城县教育志》是蒲城县有史以来第一部教育专志。本志上溯公元前 206 年,下延至 2013 年。志书除综述、大事记,共分 21 章 97 节,约 90 万字。

ISBN:978-7-5034-6931-2

主题词:地方教育—教育史—蒲城县—前 206～2013

分类:文化、科学、教育、体育→教育→中国教育事业→地方教育

目录:第 1 页　第一章　官学与私学

　　第 2 页　第二节　庙学

　　第 3 页　一、学宫

《陕西古建筑》

作者及著作方式:王军、李钰、靳亦冰编

出版时间:2015 年 12 月　页数:328 页

丛书名:中国古建筑丛书

简介:该书系统论述陕西古代建筑的发展、各类建筑的分布及特点。不仅展示了中国古建筑的建造知识,还全面介绍了中国古代建筑的历史、文化和人文特征,充分体现了中国古代建筑的卓越成就。

ISBN:978-7-112-18828-4

主题词:古建筑—介绍—陕西省

分类:历史、地理→地理→中国地理→专类地理

目录:第 201 页　五、蒲城文庙

《陕西孔庙》

作者及著作方式:裴建平主编

出版时间:2016 年　页数:230 页

简介:该书从历史溯源、建筑遗存、祭器碑刻、文化传承等方面展示了陕西孔庙的渊源发展,较为完整地体现了地域孔庙文化一脉相承的传承历史。最后一部分《陕西孔庙调研报告》全面反映了陕西孔庙的历史与现状,分析了存在的问题,提出了建议。

ISBN:978-7-224-11954-1

主题词:孔庙—介绍—陕西

分类:历史、地理→地理→中国地理→专类地理

目录:第 59 页　蒲城孔庙

《陕西孔庙遗存及其文化价值研究》

作者及著作方式:王长坤著

出版时间:2017 年 11 月　页数:359 页

简介:该书搜集陕西地区各类方志、石刻资料,结合实地调查,对陕西孔庙遗存资料进行了系统归纳、整理和研究,通过对陕西各地孔庙遗存实例的分析,透视陕西传统社会政治、经济、文化发展的状况,探讨儒家和中国古代思想文化的发展和演变,归纳出陕西孔庙历史发展的特点及其文化价值。

ISBN:978-7-03-054998-3

主题词:孔庙—文物保护—研究—陕西

分类:历史、地理→地理→中国地理→专类地理

目录:第 176 页　第二节　蒲城孔庙

《西北文化资源大典》

作者及著作方式:彭岚嘉主编

出版时间:2018 年 12 月　页数:1361 页

简介:该书是兰州大学中央高校基本科研业务费专项资金重大培育招标项目“西北地区文化资源调查、整合与开发”的阶段性成果,以条目的方式

对西北地区五省区的文化资源进行系统的归纳和梳理，旨在全面把握和准确认识西北地区文化资源的特点、价值及其在复兴民族文化中的地位和作用。

ISBN:978-7-105-15568-2

主题词：地方文化—文化产业—研究—西北地区

分类：文化、科学、教育、体育→世界各国文化与文化事业→中国→地方文化与文化事业

目录：第193页　蒲城文庙

渭南文庙

《丝路景观》

作者及著作方式：西北城市党史工作协作会联络组、中共西安市委党史研究室、西安市旅游事业管理局编著

出版时间：2000 年 6 月　页数：263 页

简介：丝绸之路东起汉唐长安，经河西走廊，沿昆仑山脉和天山山脉向西延伸至古时的西域和地中海东岸。它横贯亚洲，连接欧亚大陆，全长达 7000 多公里，是古代世界上最长的路上商路。它的“凿空”是以张骞、班超为代表的中国古代劳动人民对世界文明作出的卓越贡献，是由中外无数商贾、外交使者、探险者、取经者、求学者、寻胜者、文化人等共同绘制的历史画卷，是连接西北、沟通世界的五彩长练。该书具有一定的知识性，内容丰富，图文并茂，具有一定的鉴赏意义。

ISBN：7-5418-1693-0

主题词：丝绸之路—景观—简介

分类：历史、地理→地理→中国地理→专类地理

目录：第 55 页　文庙（渭南）

《游遍中国》陕西卷

作者及著作方式：李麟主编

出版时间：2003 年 10 月　页数：373 页

简介：该书是陕西省的旅游指南，对西安、咸阳、延安等地的阿房宫遗址、秦始皇陵、杨贵妃墓等景点及具有特殊意义的景观与名胜进行介绍。

ISBN：7-225-02435-3

主题词：旅游指南—中国

旅游指南—陕西省

分类：历史、地理→地理→中国地理→专类地理

目录：第 281 页　渭南文庙大成殿

第 281 页　渭南文庙尊经阁

《陕西文物古迹大观(三)》

作者及著作方式：陕西省文物局编

出版时间：2006 年 10 月　页数：590 页

简介：该书是 1998 年和 2003 年陕西省文物局编写出版的第一、二册《陕西省文物古迹大观》的续编，该书对陕西省人民政府公布的第一至第四批省级文物保护单位运用最新资料进行了科学、详细的概述，并配有大量照片和插图。

ISBN：7-80736-121-2

主题词：名胜古迹—简介—陕西省

历史文物—简介—陕西省

分类：历史、地理→地理→中国地理→专类地理

目录：第 166 页　渭南文庙大成殿

《渭南历史通览》第 5 卷(文物胜景)

作者及著作方式：王杰山编著

出版时间：2009 年 5 月　页数：753 页

简介：该书是一部介绍渭南历史沿革、经济发展、人文历史、民风民俗的区域性历史读物，全方位、多角度地介绍了渭南行政区域内上下五千年的人文历史，内容生动翔实，史料丰富。该卷包括文化遗址、帝王陵墓、将相墓冢、乡贤坟茔、碑碣墓志、寺院庙宇、名楼古塔、风景名胜以及渭南土特产和民间工艺等部分。

ISBN：978-7-5059-5899-9

主题词:历史读物—中国—当代

分类:历史、地理→中国史→地方史志

目录:第 120 页　临渭区文庙

第 452 页　书院县学

《儒学之旅:全国孔庙、书院、贡院、考棚完全手册》

作者及著作方式:杨刚编著

出版时间:2009 年 9 月　页数:182 页

简介:该书搜集了全国各地的孔庙、书院、科举考场等旅游景点,自助旅游手册的方式来帮助中外游客更深入地了解中国儒学文化。该书还扼要地介绍了孔子与儒学,并通过儒学与古代科举制度之间的密切关系来了解儒学在我国发展的大致情况。

ISBN:978-7-5600-8423-7

主题词:旅游指南—中国

分类:历史、地理→地理→中国地理→专类地理

目录:第 157 页　渭南文庙(省保)

《渭南志》

作者及著作方式:(明)南大吉编撰

出版时间:2010 年 9 月　页数:317 页

简介:这部《渭南志》是临渭历史上的第一部县志,上溯先秦,下至嘉靖十八年(1539),共七卷,十八志,全面、系统、客观地记载了临渭区自然、经济、人文、社会的发展变迁,为认识临渭、治理临渭、振兴临渭提供了第一手翔实史料,起到了传承文明、咨政育人、服务社会的功能。

ISBN:978-7-224-09470-1

主题词:渭南市—地方志—明代

分类:历史、地理→中国史→地方史志

目录:第 6 页　儒学图

第 7 页　文庙图

第 90 页　文庙

《陕西自助游》

作者及著作方式:《藏羚羊旅行指南》编辑部编著
出版时间:2014 年 1 月　页数:288 页
丛书名:藏羚羊自助游系列
简介:该书不仅对陕西的旅游景点进行了介绍,还为读者提供了陕西的历史、地理、宗教、气候、民俗等方面的背景资料,与上一版相比增加了"陕西印象""路线推荐"等章节,并从旅行专家的角度为读者提出了一些旅行建议。
ISBN:978-7-115-33140-3
主题词:旅游指南—陕西
分类:历史、地理→地理→中国地理→专类地理
目录:第 185 页　文庙(渭南)

《临渭红色印记》

作者及著作方式:临渭区档案局编;程钧鸿主编
出版时间:2016 年 6 月　页数:335 页
简介:该书是立足于临渭区丰富翔实的党史档案,广泛搜集相关图片资料,精心编写而成的。书中内容涉及了党史风云人物、红色胜迹遗址、革命先辈英烈等。
ISBN:978-7-5518-1293-1
主题词:中国共产党—地方组织—党史—渭南市
分类:政治、法律→中国共产党→党史→党的地方组织史料
目录:第 125 页　中共渭南首届县委成立驻地县立中学旧址——文庙大成殿

《陕西孔庙》

作者及著作方式:裴建平主编
出版时间:2016 年　页数:230 页
简介:该书从历史溯源、建筑遗存、祭器碑刻、文化传承等方面展示了陕

西孔庙的渊源发展，较为完整地体现了地域孔庙文化一脉相承的传承历史。最后一部分《陕西孔庙调研报告》全面反映了陕西孔庙的历史与现状，分析了存在的问题，提出了建议。

ISBN:978-7-224-11954-1

主题词:孔庙—介绍—陕西

分类:历史、地理→地理→中国地理→专类地理

目录:第 51 页　渭南孔庙

《陕西孔庙遗存及其文化价值研究》

作者及著作方式:王长坤著

出版时间:2017 年 11 月　页数:359 页

简介:该书搜集陕西地区各类方志、石刻资料，结合实地调查，对陕西孔庙遗存资料进行了系统的归纳、整理和研究，通过对陕西各地孔庙遗存实例的分析，透视陕西传统社会政治、经济、文化发展的状况，探讨儒家和中国古代思想文化的发展和演变，归纳出陕西孔庙历史发展的特点及其文化价值。

ISBN:978-7-03-054998-3

主题词:孔庙—文物保护—研究—陕西

分类:历史、地理→地理→中国地理→专类地理

目录:第 164 页　第四章　渭南地区孔庙

第 193 页　第五节　渭南孔庙

《西北文化资源大典》

作者及著作方式:彭岚嘉主编

出版时间:2018 年 12 月　页数:1361 页

简介:该书是兰州大学中央高校基本科研业务费专项资金重大培育招标项目“西北地区文化资源调查、整合与开发”的阶段性成果，成果以条目的方式对西北地区五省区的文化资源进行系统的归纳和梳理，旨在全面把握和准确认识西北地区文化资源的特点、价值及其在复兴民族文化中的地位和作用。

ISBN:978-7-105-15568-2

主题词:地方文化—文化产业研究—西北地区

分类:文化、科学、教育、体育→世界各国文化与文化事业→中国→地方文化与文化事业

目录:第 198 页　渭南文庙大成殿

临潼文庙

《临潼县志》

作者及著作方式：陕西省临潼县志编纂委员会编；雎卯民主编

出版时间：1991 年 8 月　页数：1304 页

丛书名：陕西地方志丛书

简介：临潼县历史悠久，人文荟萃，遗留史料丰富，内容广泛。新编《临潼县志》广搜博采，分析整理，去伪存真，文直事核，言之有证，重点突出了临潼县的特色。该志书坚持唯物史观，客观记述了临潼县历史上的建置变迁、重大事件和历史人物，是临潼县前所未有的一部传世良志。可为地方各级党政部门决策提供重要参考，为发展高科技提供借鉴，为学术研究提供丰富资料，为青少年进行爱国主义教育提供生动的地方教材。

ISBN：7-208-01191-5

主题词：地方志（地点：临潼区）

分类：历史、地理→中国史→地方史志

目录：第 870 页　第六节　学宫、书院

《关中夫子》

作者及著作方式：赵国庆著

出版时间：2014 年 6 月　页数：161 页

丛书名："骊山物语"系列丛书之二

简介：该书以临潼居善书院、横渠书院为题，切入陕西蔚为壮观的书院文化，延伸介绍关学的重要内容和思想，刻画关中学者性刚尚气，精义入神的独特气质，彰显士子文人志趣情怀，勾勒中国几千年文官体制背后传奇的精神文化世界，值得一读。

ISBN：978-7-5613-7724-6

主题词：区（城市）—文化史—西安市

分类：历史、地理→中国史→地方史志

目录：第 68 页　第三节　影响书院祠堂的临潼知县
第 90 页　第四章　临潼古代著名教育机构
第 90 页　第一节　文庙（学宫）

《陕西孔庙》

作者及著作方式：裴建平主编

出版时间：2016 年　页数：230 页

简介：该书从历史溯源、建筑遗存、祭器碑刻、文化传承等方面展示了陕西孔庙的渊源发展，较为完整地体现了地域孔庙文化一脉相承的传承历史。最后一部分《陕西孔庙调研报告》全面反映了陕西孔庙的历史与现状，分析了存在的问题，提出了建议。

ISBN：978-7-224-11954-1

主题词：孔庙—介绍—陕西

分类：历史、地理→地理→中国地理→专类地理

目录：第 27 页　临潼孔庙

《陕西孔庙遗存及其文化价值研究》

作者及著作方式：王长坤著

出版时间：2017 年 11 月　页数：359 页

简介：该书搜集陕西地区各类方志、石刻资料，结合实地调查，对陕西孔庙遗存资料进行了系统归纳、整理和研究，通过对陕西各地孔庙遗存实例的分析，透视陕西传统社会政治、经济、文化发展的状况，探讨儒家和中国古代思想文化的发展和演变，归纳出陕西孔庙历史发展的特点及其文化价值。

ISBN:978-7-03-054998-3

主题词:孔庙—文物保护—研究—陕西

分类:历史、地理→地理→中国地理→专类地理

目录:第107页 第六节 临潼孔庙

岐山文庙

《岐山县志》

作者及著作方式:岐山县志编纂委员会编

出版时间:1992年8月　页数:794页

丛书名:陕西地方志丛书

简介:岐山是中华民族的发祥地之一,是西周的肇基之地。岐山历史悠久,文化灿烂,有着"青铜之乡"的美誉。岐山修志,始于明代。新编《岐山县志》坚持辩证唯物主义和历史唯物主义观点,本着统合古今、详今略古的原则,实事求是记述了本县自然与社会的历史和现状。该县志观点正确,资料翔实,体例得当,将思想性、资料性和科学性融为一体,鲜明体现了时代精神和地方特色,是帮助各级领导研究县情、正确决策的重要依据,也是对下一代进行爱国主义教育和革命传统教育的乡土教材。

ISBN:7-224-02621-2

主题词:岐山县—地方志

分类:历史、地理→中国史→地方史志

目录:第488页　第二节　县学书院

《中国佛道儒教楹联精选》

作者及著作方式:解维汉编选

出版时间:2008年9月　页数:278页

丛书名:龙魂楹联文化丛书

简介:该书收集中国佛、道、儒教楹联2847副,佛教按寺、庵分类,道教按观、宫、庵、庙(城隍庙、土地庙、财神庙、东岳庙、吕祖庙)分类,儒教按文庙、武庙分类。

ISBN:978-7-224-08391-0

主题词:对联—作品集—中国

分类:文学→中国文学→杂著

目录:第235页　岐山文庙

《陕西孔庙》

作者及著作方式:裴建平主编

出版时间:2016年　页数:230页

简介:该书从历史溯源、建筑遗存、祭器碑刻、文化传承等方面展示了陕西孔庙的渊源发展,较为完整地体现了地域孔庙文化一脉相承的传承历史。最后一部分《陕西孔庙调研报告》全面反映了陕西孔庙的历史与现状,分析了存在的问题,提出了建议。

ISBN:978-7-224-11954-1

主题词:孔庙—介绍—陕西

分类:历史、地理→地理→中国地理→专类地理

目录:第222页　岐山孔庙

《太白山人槲叶集》

作者及著作方式:(清)李柏著;程灵生、程仪容注释

出版时间:2017年10月　页数:593页

简介:该书主要内容包括刘向、夸父逐日论、大宝篇、赠医者、过樊河论、丹朱商均、得失篇、文武同源、用人、人无不足、不如狗尾、过鸿门论、又赠医者、瑞王故宫、操舟、花之圣人等。

ISBN:978-7-224-12346-3

主题词:关学—研究—中国—清代

分类:哲学、宗教→中国哲学→宋、元哲学(960—1368)→张载(横渠,1020—1077)

目录:第196页　重修岐山文庙疏

《陕西孔庙遗存及其文化价值研究》

作者及著作方式:王长坤著

出版时间:2017年11月　页数:359页

简介:该书搜集陕西地区各类方志、石刻资料,结合实地调查,对陕西孔庙遗存资料进行了系统归纳、整理和研究,通过对陕西各地孔庙遗存实例的分析,透视陕西传统社会政治、经济、文化发展的状况,探讨儒家和中国古代思想文化的发展和演变,归纳出陕西孔庙历史发展的特点及其文化价值。

ISBN:978-7-03-054998-3

主题词:孔庙—文物保护—研究—陕西

分类:历史、地理→地理→中国地理→专类地理

目录:第238页　第三节　岐山周公庙孔庙

耀州文庙

《铜川年鉴(2002)》

作者及著作方式:《铜川年鉴》编纂委员会编

出版时间:2002 年 12 月　页数:363 页

简介:该年鉴是由铜川市人民政府主持编纂的按年度连续出版的地方综合年鉴,旨在逐年全面系统记载铜川市社会主义现代化建设历史进程,为全市各级领导决策提供参考依据,为开展对外交往提供窗口和桥梁,为社会各界了解铜川、研究铜川提供新的信息资料。

主题词:铜川—2002—年鉴

分类:综合性图书→年鉴、年刊→中国年鉴、年刊

目录:第 178 页　玉华宫遗址和耀县文庙被列为全国重点文物保护单位

《陕西文物古迹大观:全国重点文物保护单位巡礼之二》

作者及著作方式:陕西省文物局编

出版时间:2003 年 10 月　页数:232 页

简介:该书以图文并茂的画册形式,以多年来陕西文物保护、考古调查、发掘和研究的大量成果为依据,对第五批陕西境内 34 处全国重点文物保护单位进行了介绍。

ISBN:7-80628-691-8

主题词:名胜古迹—简介—陕西省

历史文物—简介—陕西省

分类:历史、地理→地理→中国地理→专类地理

目录:第 182 页　韩城文庙

第 189 页　耀县文庙

《世界孔庙》第 1 卷

作者及著作方式:陈传平主编

出版时间:2004 年 9 月　页数:270 页

简介:该书是一部系统介绍孔庙这一独具中国特色的世界性庙宇的专著。内容包括千古一庙万世同宗、国兴太学世盛文昌、棂星魁楼泮入黄淮等。

ISBN:7-5010-1662-3

主题词:孔庙—图集

分类:历史、地理→地理→中国地理→专类地理

目录:第 194 页　陕西耀县文庙

《全国重点文物保护单位》第 3 卷(第一批至第五批)

作者及著作方式:《全国重点文物保护单位》编辑委员会编

出版时间:2004 年 12 月　页数:658 页

简介:该书收录了由国务院公布的第一至第五批共 1271 处全国重点文物保护单位的图文信息,按省、自治区、直辖市排列,内容按古建筑、石窟寺及石刻、古遗址、古墓葬、近现代重要史迹及代表性建筑顺序排列。

ISBN:7-5010-1525-2

主题词:文化保护—中国—图录

分类:历史、地理→文物考古→中国文物考古

目录:第 338 页　29.耀县文庙

《碑林集刊》(十一)

作者及著作方式:西安碑林博物馆编

出版时间:2006 年　页数:400 页

简介：该书旨在立足碑林，面向全国，以碑石墓志、石刻艺术类文物研究为基本特色，同时有文史研究、文物丛谈、博物馆学等栏目内容，并附有相关照片，学术性强。

ISBN：7-5368-2021-6

主题词：碑林—西安市—古代—丛刊

分类：历史、地理→文物考古→中国文物考古→古书契

目录：第145页　嘉靖大地震的重要史料——耀州文庙新发现明《重修庙学记并诗碑》　王建域

《耀州年鉴(2006)》

作者及著作方式：耀州年鉴编纂委员会编

出版时间：2006年9月　页数：476页

简介：《耀州年鉴(2006)》为创刊号，是由铜川市耀州区人民政府主持编纂、按年度连续出版、具有政府公报性质的地方综合年刊，旨在逐年全面系统记载耀州区社会、经济、文化等领域发展轨迹和历史进程，如实展现耀州区人民的精神风貌，为全区各级领导决策提供依据，为社会各界了解和研究区情、开展和扩大对外宣传交流提供窗口和桥梁。

主题词：耀州区—2006—年鉴

分类：综合性图书→年鉴、年刊→中国年鉴、年刊

目录：第197页　耀州文庙

《铜川市第一中学校史》

作者及著作方式：王建信主编

出版时间：2006年9月　页数：292页

简介：铜川市第一中学是旧时县学所在地，办学历史悠久，文化源远流长。学校还保存着供奉孔子的大成殿，四株古柏参天而立，是本地文化源流的重要象征。该书作为学校自1941年创建以来的第一部较为完整的校史，记述了1941～2005年65年间铜川市第一中学的学校发展史。

ISBN：7-5419-9703-X

主题词：中学—校史—铜川市

分类:文化、科学、教育、体育→教育→中等教育→世界各国中等教育概况

目录:第 3 页 第一节 文庙与学校创建

《陕西名胜概览》

作者及著作方式:谢长峰编

出版时间:2007 年 1 月 页数:650 页

简介:本书介绍了陕西境内 1600 余处的名胜古迹的地理方位、历史沿革、古况今貌、逸闻趣事等。

ISBN:7-80736-104-2

主题词:名胜古迹—简介—陕西省

分类:历史、地理→地理→中国地理→专类地理

目录:第 268 页 耀州文庙

《中国文化遗产词典》

作者及著作方式:丘富科编著

出版时间:2009 年 6 月 页数:577 页

简介:这是一部展示中国文化遗产概貌的工具书。该书入选词条约 3600 条,收录全国重点文物保护单位全 6 批 2351 处(含 2002—2003 年增补单位 3 处)和合并单位 141 处。其中,古遗址、古墓葬、古建筑、近现代重要史迹及代表性建筑、石窟石刻及其他重要文物单位,是本词典内容的主要组成部分。

ISBN:978-7-5010-2421-6

主题词:文化遗产—中国—词典

分类:历史、地理→中国史→通史→文化史

目录:第 338 页 耀县文庙

《文物建筑》第 4 辑

作者及著作方式:河南省古代建筑保护研究所编

出版时间:2010 年 12 月 页数:207 页

简介:该书收集了有关论文文物建筑研究 11 篇、文化遗产保护 8 篇、历史文物名城研究 2 篇、民居建筑研究 1 篇、文物建筑摄影 1 篇、文物建筑鉴赏 3 篇,共 28 篇,对现今的文物建筑研究具有很强的理论指导意义和具体的实践参考价值。

ISBN:978-7-03-029551-4

主题词:古建筑—中国—文集

分类:工业技术→建筑科学→建筑理论→建筑史

目录:第 1 页　耀州文庙大成殿　王建域

《儒学之旅:全国孔庙、书院、贡院、考棚完全手册》

作者及著作方式:杨刚编著

出版时间:2009 年 9 月　页数:182 页

简介:该书搜集了全国各地的孔庙、书院、科举考场等旅游景点,以自助旅游手册的方式来帮助中外游客更深入地了解中国儒学文化。该书还扼要地介绍了孔子与儒学,并通过儒学与古代科举制度之间的密切关系来了解儒学在我国发展的大致情况。

ISBN:978-7-5600-8423-7

主题词:旅游指南—中国

分类:历史、地理→地理→中国地理→专类地理

目录:第 155 页　耀县文庙(国保)

《文化遗产保护 100》

作者及著作方式:吕舟编著

出版时间:2011 年 4 月　页数:292 页

简介:该书荟萃了清华大学文化遗产保护研究所在 2000～2010 年完成的 100 项代表作品,包括保护规划、古建修缮、展示利用、科研研究等几个专题,内容丰富、成果多样,既是针对文化遗产实施保护建设的重要现实文件,也是文化遗产保护设计工作的重要案例资料,并可作为一份历史资料予以保存,对今后总结经验有重要意义。

ISBN:978-7-302-25427-0

主题词:文化遗产—保护—案例—中国

分类:历史、地理→中国史→通史→文化史

目录:第 166 页　055 陕西耀县文庙文物保护规划

《陕西旅游系列丛书·游(一)》

作者及著作方式:董宪民主编;郜家福副主编

出版时间:2012 年 7 月　页数:187 页

丛书名:陕西旅游系列丛书

简介:该书以精练生动的文字、图文并茂的形式,全面展示了改革开放 30 多年,特别是西部大开发以来能够彰显陕西旅游产业发展整体形象的旅游产品,多视角诠释了人文陕西、山水秦岭、佛都长安、红色延安等陕西旅游品牌形象。

ISBN:7-5418-2644-3

主题词:旅游指南—陕西省

分类:历史、地理→地理→中国地理→专类地理

目录:第 152 页　耀州文庙

《2012—2015 大学生城市设计课程优秀获奖作业集》

作者及著作方式:高等学校城乡规划学科专业指导委员会编

出版时间:2016 年 9 月　页数:272 页

简介:该书收录了全国高等学校城乡规划专业指导委员会 2012—2015 年的城市设计竞赛获奖作品,并附有高等学校城乡规划学科专业指导委员会专家的点评。

ISBN:978-7-112-19873-3

主题词:城市规划—建筑设计—作品集—中国—现代

分类:工业技术→建筑科学→区域规划、城乡规划→城市规划

目录:第 166 页　混序味道——耀州古城文庙街区更新城市设计

《陕西孔庙》

作者及著作方式:裴建平主编

出版时间:2016 年　页数:230 页

简介:该书从历史溯源、建筑遗存、祭器碑刻、文化传承等方面展示了陕西孔庙的渊源发展,较为完整地体现了地域孔庙文化一脉相承的传承历史。最后一部分《陕西孔庙调研报告》全面反映了陕西孔庙的历史与现状,分析了存在的问题,提出了建议。

ISBN:978-7-224-11954-1

主题词:孔庙—介绍—陕西

分类:历史、地理→地理→中国地理→专类地理

目录:第 48 页　耀州孔庙

《陕西孔庙遗存及其文化价值研究》

作者及著作方式:王长坤著

出版时间:2017 年 11 月　页数:359 页

简介:该书搜集陕西地区各类方志、石刻资料,结合实地调查,对陕西孔庙遗存资料进行了系统归纳、整理和研究。通过对陕西各地孔庙遗存实例的分析,透视陕西传统社会政治、经济、文化发展的状况,探讨儒家和中国古代思想文化的发展和演变,归纳出陕西孔庙历史发展的特点及其文化价值。

ISBN:978-7-03-054998-3

主题词:孔庙—文物保护—研究—陕西

分类:历史、地理→地理→中国地理→专类地理

目录:第 208 页　第一节　耀州孔庙

《西北文化资源大典》

作者及著作方式:彭岚嘉主编

出版时间:2018 年 12 月　页数:1361 页

简介:该书是兰州大学中央高校基本科研业务费专项资金重大培育招标项目“西北地区文化资源调查、整合与开发”的阶段性成果,成果以条目的

方式对西北地区五省区的文化资源进行系统的归纳和梳理，旨在全面把握和准确认识西北地区文化资源的特点、价值及其在复兴民族文化中的地位和作用。

ISBN：978-7-105-15568-2

主题词：地方文化—文化产业—研究—西北地区

分类：文化、科学、教育、体育→世界各国文化与文化事业→中国→地方文化与文化事业

目录：第113页　耀县文庙

《陕西碑刻总目提要初编》第2册

作者及著作方式：吴敏霞主编；刘思怡、王珂分册主编

出版时间：2018年12月　页数：340页

简介：该书收录陕西境内历代碑、墓志、墓砖、摩崖石刻、造像题记、经幢、塔铭等多种类型的石刻资料，年代上自秦汉，下迄民国末年，著录信息包括碑名、年代、形制、行字、撰书刻者、纹饰、出土地、现藏地、著录情况及提要等多方面内容。

ISBN：978-7-03-051374-8

主题词：碑刻—内容提要—陕西—古代

分类：历史、地理→文物考古→中国文物考古→古书契

目录：第206页　耀州重建庙学之记

蓝田文庙

敕州县学校榜谕碑(拓本)

作者及著作方式:佚名

拓本——陕西省华阴市文庙,明洪武十五年(1382)立(陕西省,1992年)——1张;72cm×208cm

文庙岳庙南坛鹿银记(拓本)

作者及著作方式:(明)王九畴撰

拓本——陕西省华阴市,明万历四十三年(1615)十月(陕西省,1992年)——1张;95cm×94cm

城隍庙碑(拓本)

作者及著作方式:(明)张毓翰撰;(明)王弘睿正书

拓本——陕西省华阴市文庙,明万历四十七年(1619)八月十五日文(陕西省,1992年)——1张;223cm×85cm

华阴学宫碑(拓本)

作者及著作方式:(清)崔肇琳撰并正书

拓本——陕西省华阴市文庙,清光绪三十一年(1905)八月中瀚立(陕西省,1992年)——1张;186cm×76cm

《陕西孔庙》

作者及著作方式:裴建平主编

出版时间:2016年　页数:230页

简介:该书从历史溯源、建筑遗存、祭器碑刻、文化传承等方面展示了陕西孔庙的渊源发展,较为完整地体现了地域孔庙文化一脉相承的传承历史。最后一部分《陕西孔庙调研报告》全面反映了陕西孔庙的历史与现状,分析了存在的问题,提出了建议。

ISBN:978-7-224-11954-1

主题词:孔庙—介绍—陕西

分类:历史、地理→地理→中国地理→专类地理

目录:第28页　蓝田孔庙

《陕西孔庙遗存及其文化价值研究》

作者及著作方式:王长坤著

出版时间:2017年11月　页数:359页

简介:该书搜集陕西地区各类方志、石刻资料,结合实地调查,对陕西孔庙遗存资料进行了系统归纳、整理和研究,通过对陕西各地孔庙遗存实例的分析,透视陕西传统社会政治、经济、文化发展的状况,探讨儒家和中国古代思想文化的发展和演变,归纳出陕西孔庙历史发展的特点及其文化价值。

ISBN:978-7-03-054998-3

主题词:孔庙—文物保护—研究—陕西

分类:历史、地理→地理→中国地理→专类地理

目录:第91页　蓝田孔庙

《陕西碑刻总目提要初编》第2册

作者及著作方式:吴敏霞主编;刘思怡、王珂分册主编

出版时间:2018年12月　页数:340页

简介:该书收录陕西境内历代碑、墓志、墓砖、摩崖石刻、造像题记、经幢、塔铭等多种类型的石刻资料;所收各类碑刻年代上自秦汉,下迄民国末

年；所收碑刻的著录信息包括碑名、年代、形制、行字、撰书刻者、纹饰、出土地、现藏地、著录情况及提要等多方面内容。

ISBN：978-7-03-051374-8

主题词：碑刻—内容提要—陕西—古代

分类：历史、地理→文物考古→中国文物考古→古书契

目录：第 116 页　蓝田县重修玄圣文宣王庙记

　　第 121 页　蓝田县重修孔子庙记

《陕西碑刻总目提要初编》第 3 册

作者及著作方式：吴敏霞主编；范志鹏、高叶青分册主编

出版时间：2018 年 12 月　页数：326 页

简介：该书收录陕西境内历代碑、墓志、墓砖、摩崖石刻、造像题记、经幢、塔铭等多种类型的石刻资料，年代上自秦汉，下迄民国末年，著录信息包括碑名、年代、形制、行字、撰书刻者、纹饰、出土地、现藏地、著录情况及提要等多方面内容。

ISBN：978-7-03-051374-8

主题词：碑刻—内容提要—陕西—古代

分类：历史、地理→文物考古→中国文物考古→古书契

目录：第 133 页　蓝田县重修庙学记

　　第 196 页　重修蓝田县庙学碑

合阳文庙

《古都沧桑——陕西文物古迹旧影》

作者及著作方式:西安碑林博物馆,赵力光主编

出版时间:2002 年 9 月　页数:384 页

简介:该书通过一批老照片来展现 20 世纪上半叶陕西文物古迹的状况,分为故城寻踪、寺庙祠观等五部分,共收录 400 余帧古迹照片。

ISBN:7-80628-605-5

主题词:文物—考古—史料—陕西省

名胜古迹—史料—陕西省

分类:历史、地理→文物考古→中国文物考古→地区文物考古

目录:第 295 页　合阳文庙

《陕西东府名胜与民俗(上)　胜景古迹》

作者及著作方式:王杰山编著

出版时间:2004 年 12 月　页数:522 页

简介:该卷共 11 章,较为全面地介绍了四大风景区的胜景古迹,把东府渭南秀美奇目的山水泉原、古老璀璨的名胜古迹逐一展现在读者面前。

ISBN:7-5418-2015-6

主题词:陕西—旅游

分类:历史、地理→地理→中国地理→专类地理

目录:第 107 页　合阳文庙

第 306 页　孔子的高足弟子子夏西河设教处

《陕西文物古迹大观(三)》

作者及著作方式:陕西省文物局编

出版时间:2006 年 10 月　页数:590 页

简介:该书是 1998 年和 2003 年陕西省文物局编写出版的第一、二册《陕西省文物古迹大观》的续编,对陕西省人民政府公布的第一至第四批省级文物保护单位运用最新资料进行了科学、详细的概述,并配有大量照片和插图。

ISBN:7-80736-121-2

主题词:名胜古迹—简介—陕西省

历史文物—简介—陕西省

分类:历史、地理→地理→中国地理→专类地理

目录:第 158 页　合阳县文庙

《渭南历史通鉴》第 5 卷(文物胜景)

作者及著作方式:王杰山编著

出版时间:2009 年 5 月　页数:753 页

简介:该书是一部介绍渭南历史沿革、经济发展、人文历史、民风民俗的区域性历史读物,全方位、多角度地介绍了渭南行政区域内上下五千年的人文历史,内容生动翔实,史料丰富。该卷包括文化遗产、帝王陵墓、将相墓冢、乡贤坟茔、碑碣墓志、寺院庙宇、名楼古塔、风景名胜以及渭南土特产和民间工艺等部分。

ISBN:978-7-5059-5899-9

主题词:历史读物—中国—当代

分类:历史、地理→中国史→地方史志

目录:第 122 页　合阳文庙

第 306 页　第二章　洽川黄河湿地风景名胜区孔子的高足弟子子夏西河设教处

《儒学之旅:全国孔庙、书院、贡院、考棚完全手册》

作者及著作方式:杨刚编著

出版时间:2009年9月　页数:182页

简介:该书搜集了全国各地的孔庙、书院、科举考场等旅游景点,以自助旅游手册的方式来帮助中外游客更深入地了解中国儒学文化。该书还扼要地介绍了孔子与儒学,并通过儒学与古代科举制度之间的密切关系来了解儒学在我国发展的大致情况。

ISBN:978-7-5600-8423-7

主题词:旅游指南—中国

分类:历史、地理→地理→中国地理→专类地理

目录:第157页　合阳文庙(省保)

《陕西孔庙》

作者及著作方式:裴建平主编

出版时间:2016年　页数:230页

简介:该书从历史溯源、建筑遗存、祭器碑刻、文化传承等方面展示了陕西孔庙的渊源发展,较为完整地体现了地域孔庙文化一脉相承的传承历史。最后一部分《陕西孔庙调研报告》全面反映了陕西孔庙的历史与现状,分析了存在的问题,提出了建议。

ISBN:978-7-224-11954-1

主题词:孔庙—介绍—陕西

分类:历史、地理→地理→中国地理→专类地理

目录:第62页　合阳孔庙

《陕西孔庙遗存及其文化价值研究》

作者及著作方式:王长坤著

出版时间:2017年11月　页数:359页

简介:该书搜集陕西地区各类方志、石刻资料,结合实地调查,对陕西孔庙遗存资料进行了系统归纳、整理和研究,通过对陕西各地孔庙遗存实例的

分析，透视陕西传统社会政治、经济、文化发展的状况，探讨儒家和中国古代思想文化的发展和演变，归纳出陕西孔庙历史发展的特点及其文化价值。

ISBN：978-7-03-054998-3

主题词：孔庙—文物保护—研究—陕西

分类：历史、地理→地理→中国地理→专类地理

泾阳文庙

《陕西文物古迹大观(三)》

作者及著作方式:陕西省文物局编

出版时间:2006 年 10 月　页数:590 页

简介:该书是 1998 年和 2003 年陕西省文物局编写出版的第一、二册《陕西省文物古迹大观》的续编,对陕西省人民政府公布的第一至第四批省级文物保护单位运用最新资料进行了科学、详细的概述,并配有大量照片和插图。

ISBN:7-80736-121-2

主题词:名胜古迹—简介—陕西省

　　　　历史文物—简介—陕西省

分类:历史、地理→地理→中国地理→专类地理

目录:第 269 页　泾阳文庙

《西安美术学院教师论文集》

作者及著作方式:杨晓阳主编

出版时间:2007 年 11 月　页数:330 页

简介:该书为西安美术学院教师的论文集,具体内容包括"陕西油画 60 年""中国美术史研究中的史学意识""文人画与现代水墨"等。

ISBN:978-7-5368-2078-4

主题词:美术—文集

分类:艺术→论文集

目录:第282页　探寻"有形"与"无形"的空间——记泾阳文庙北周佛道造像碑　白文

《咸阳文物古迹大观》

作者及著作方式:樊延平主编

出版时间:2007年12月　页数:301页

简介:该书从古遗址、古墓葬、石刻等不可移动文物和馆藏文物的角度,详尽地介绍了咸阳市国保单位、省保单位和县保单位的文物,对文物保护和宣传起到了一定的作用。

ISBN:978-7-80736-301-9

主题词:历史文物—简介—咸阳市

　　名胜古迹—简介—咸阳市

分类:历史、地理→地理→中国地理→专类地理

目录:第240页　泾阳文庙

《道教美术新论:第一届道教美术史国际研讨会论文集》

作者及著作方式:李淞主编

出版时间:2008年11月　页数:486页

简介:该论文集是总结第一届道教美术史国际研讨会,并结合实践发表的论文集,其内容丰富翔实,便于读者阅读。

ISBN:978-7-5330-2633-2

主题词:道教—美术史—国际学术会议—文集

分类:艺术→世界各国艺术概况→宗教艺术

目录:第142页　探寻"有形"与"无形"的境界——记泾阳文庙北周佛道造像碑　白文(西安美术学院)

《咸阳市文物志》

作者及著作方式:咸阳市文物事业管理局编

出版时间:2008 年 12 月　页数:590 页

简介:该书共分 20 章,主要介绍了咸阳市的文物、近代史遗迹、行政管理机构和文博单位、文物保护工作、文物调查、发掘与研究、陈列展览等。

ISBN:978-7-80736-481-8

主题词:文物—概况—咸阳市

分类:历史、地理→文物考古→中国文物考古→地区文物考古

目录:第 154 页　泾阳文庙

《儒学之旅:全国孔庙、书院、贡院、考棚完全手册》

作者及著作方式:杨刚编著

出版时间:2009 年 9 月　页数:182 页

简介:该书搜集了全国各地的孔庙、书院、科举考场等旅游景点,以自助旅游手册的方式来帮助中外游客更深入地了解中国儒学文化。该书还扼要地介绍了孔子与儒学,并通过儒学与古代科举制度之间的密切关系来了解儒学在我国发展的大致情况。

ISBN:978-7-5600-8423-7

主题词:旅游指南—中国

分类:历史、地理→地理→中国地理→专类地理

目录:第 156 页　泾阳文庙(省保)

《图像与仪式:隋唐长安佛教艺术》

作者及著作方式:白文著

出版时间:2016 年 11 月　页数:262 页

简介:该书以长安隋唐佛教造像的图像为核心,探讨这些造像艺术作品中所体现的佛教各个净土信仰的具体形态。主要内容包括长安光宅寺七宝台石刻重构中的图像与复原,麟游慈善寺石窟的时空观与图像构成,淳化金川湾石窟与三阶教信仰的类型和特征等。

ISBN:978-7-100-12666-3

主题词:佛教—宗教艺术—研究—隋唐时代

分类:艺术→世界各国艺术概况→宗教艺术

目录:第 186 页　第一节　泾阳文庙佛道造像碑

《陕西孔庙》

作者及著作方式:裴建平主编

出版时间:2016 年　页数:230 页

简介:该书从历史溯源、建筑遗存、祭器碑刻、文化传承等方面展示了陕西孔庙的渊源发展,较为完整地体现了地域孔庙文化一脉相承的传承历史。最后一部分《陕西孔庙调研报告》全面反映了陕西孔庙的历史与现状,分析了存在的问题,提出了建议。

ISBN:978-7-224-11954-1

主题词:孔庙—介绍—陕西

分类:历史、地理→地理→中国地理→专类地理

目录:第 41 页　泾阳孔庙

《陕西孔庙遗存及其文化价值研究》

作者及著作方式:王长坤著

出版时间:2017 年 11 月　页数:359 页

简介:该书搜集陕西地区各类方志、石刻资料,结合实地调查,对陕西孔庙遗存资料进行了系统归纳、整理和研究,通过对陕西各地孔庙遗存实例的分析,透视陕西传统社会政治、经济、文化发展的状况,探讨儒家和中国古代思想文化的发展和演变,归纳出陕西孔庙历史发展的特点及其文化价值。

ISBN:978-7-03-054998-3

主题词:孔庙—文物保护—研究—陕西

分类:历史、地理→地理→中国地理→专类地理

目录:第 135 页　第四节　泾阳孔庙

《陕西古建筑测绘图辑・泾阳、三原》

作者及著作方式:林源、岳岩敏著

出版时间:2018 年 3 月　页数:214 页

简介:本套丛书主要对象为陕西省古建筑。丛书各册以市县域来划分,

第一册为泾阳、三原，之后陆续有西安、韩城、汉中等各册。本册对象为泾阳、三原县的古建筑，主要包括陵墓、祠庙、道观、佛塔、民居等建筑类型。

ISBN：978-7-112-21722-9

主题词：古建筑—建筑测量—泾阳县—图集

古建筑—建筑测量—三原县—图集

分类：工业技术→建筑科学→建筑勘测→建筑工程测量及制图

目录：第 20 页　03（明—清）泾阳文庙

城固文庙

《中国孔庙》

作者及著作方式:高文、范小平编著

出版时间:1994 年 10 月　页数:153 页

简介:该书在查阅大量历史文献、实地考察各地孔庙的基础上,对中国孔庙进行了系统研究。这是迄今为止系统介绍中国孔庙的第一本书。该书图文并茂,史料翔实,为儒学研究和孔庙研究提供了新资料,为挖掘、整理、弘扬中华民族优秀文化遗产写下了新篇章。

ISBN:7-80575-659-7

主题词:孔庙—建筑史(地点:中国)

　　　建筑史—孔庙(地点:中国)

分类:工业技术→建筑科学→建筑理论→建筑史

目录:第 88 页　80.陕西城固文庙大成殿

《500 景点游遍陕西》

作者及著作方式:惠焕章等编著

出版时间:2001 年 6 月　页数:364 页

简介:该书介绍陕西省 544 处重要的旅游景点,其中包括最著名的历史古迹和新建起来的旅游名胜,如西安城墙、半坡遗址、秦始皇陵等。

ISBN:7-5418-1787-2

主题词:名胜古迹—简介—陕西省
分类:历史、地理→地理→中国地理→专类地理
目录:第 346 页　城固文庙大成殿

《中国佛道儒教楹联精选》

作者及著作方式:解维汉编选
出版时间:2008 年 9 月　页数:278 页
丛书名:龙魂楹联文化丛书
简介:该书收集中国佛、道、儒教楹联 2847 副,佛教按寺、庵分类,道教按观、宫、庵、庙(城隍庙、土地庙、财神庙、东岳庙、吕祖庙)分类,儒教按文庙、武庙分类。
ISBN:978-7-224-08391-0
主题词:对联—作品集—中国
分类:文学→中国文学→杂著
目录:第 236 页　城固文庙

《儒学之旅:全国孔庙、书院、贡院、考棚完全手册》

作者及著作方式:杨刚编著
出版时间:2009 年 9 月　页数:182 页
简介:该书搜集了全国各地的孔庙、书院、科举考场等旅游景点,以自助旅游手册的方式来帮助中外游客更深入地了解中国儒学文化。该书还扼要地介绍了孔子与儒学,并通过儒学与古代科举制度之间的密切关系来了解儒学在我国发展的大致情况。
ISBN:978-7-5600-8423-7
主题词:旅游指南—中国
分类:历史、地理→地理→中国地理→专类地理
目录:第 159 页　城固文庙

《陕西孔庙》

作者及著作方式:裴建平主编

出版时间:2016 年　页数:230 页

简介:该书从历史溯源、建筑遗存、祭器碑刻、文化传承等方面展示了陕西孔庙的渊源发展,较为完整地体现了地域孔庙文化一脉相承的传承历史。最后一部分《陕西孔庙调研报告》全面反映了陕西孔庙的历史与现状,分析了存在的问题,提出了建议。

ISBN:978-7-224-11954-1

主题词:孔庙—介绍—陕西

分类:历史、地理→地理→中国地理→专类地理

目录:第 73 页　城固孔庙

《陕西孔庙遗存及其文化价值研究》

作者及著作方式:王长坤著

出版时间:2017 年 11 月　页数:359 页

简介:该书搜集陕西地区各类方志、石刻资料,结合实地调查,对陕西孔庙遗存资料进行了系统归纳、整理和研究,通过对陕西各地孔庙遗存实例的分析,透视陕西传统社会政治、经济、文化发展的状况,探讨儒家和中国古代思想文化的发展和演变,归纳出陕西孔庙历史发展的特点及其文化价值。

ISBN:978-7-03-054998-3

主题词:孔庙—文物保护—研究—陕西

分类:历史、地理→地理→中国地理→专类地理

目录:第 248 页　第二节　城固孔庙

铜川文庙

《铜川市志》

作者及著作方式:铜川市地方志编纂委员会编

出版时间:1997 年 4 月　页数:1037 页

简介:《铜川市志》是新中国成立以来铜川市首次组织编纂的一部大型综合性地方志书。这部志书,翔实、科学地记述了铜川的自然、经济、社会、文化等方面的历史和现状,既是进一步认识、研究、宣传和建设铜川的百科全书,也是资治教育、研究历史、探索规律、预测未来的地方教材。

ISBN:7-5613-1499-X

主题词:地方志(地点:陕西　地点:铜川)

　　铜川市(学科:地方志　学科:史料　地点:陕西)

分类:历史、地理→中国史→地方史志

目录:第 808 页　第一章　县学与书院私塾

　　第 808 页　第一节　县学

《铜川市教育志》

作者及著作方式:铜川市教育志编纂委员会编

出版时间:2000 年 12 月　页数:420 页

简介:铜川历史悠久,文化发达,英才荟萃,名胜古迹浩瀚,自然资源丰富,教育兴起较早。宋代已建学宫、修书院、办儒学、设私塾。明清、民国时期，社学、义学、中小学更相设立。中华人民共和国成立后，在党和政府支持下，在广大群众的重视下，铜川的教育事业蓬勃发展，日新月异。为铜川修教育志便成为一项功在当代，利及后世的善举。本志由志、述、记、传、图、录、表综合组成，以志为主。坚持"横排竖写""述而不论"原则。在记述时间上，上溯到教育的起源，下限断至 1999 年。按照"略古详今，略同详异"的编写原则，寓褒贬于事实之中。

ISBN：7-5419-8085-4

主题词：教育工作—概况—铜川

分类：文化、科学、教育、体育→教育→中国教育事业→地方教育

目录：第 49 页　第二节　学宫

《铜川市第一中学校史》

作者及著作方式：王建信主编

出版时间：2006 年 9 月　页数：292 页

简介：铜川市第一中学是旧时县学所在地，办学历史悠久，文化源远流长。学校还保存着供奉孔子的大成殿，四株古柏参天而立，是本地文化源流的重要象征。该书作为学校自 1941 年创建以来的第一部较为完整的校史，记述了 1941～2005 年 65 年间铜川市第一中学的学校发展史。

ISBN：7-5419-9703-X

主题词：中学—校史—铜川市

分类：文化、科学、教育、体育→教育→中等教育→世界各国中等教育概况

目录：第 3 页　第一节　文庙与学校创建

《陕西文物古迹大观(三)》

作者及著作方式：陕西省文物局编

出版时间：2006 年 10 月　页数：590 页

简介：该书是 1998 年和 2003 年陕西省文物局编写出版的第一、二册《陕西省文物古迹大观》的续编，对陕西省人民政府公布的第一至第四批省级文物保护单位运用最新资料进行了科学、详细的概述，并配有大量照片和插图。

ISBN:7-80736-121-2

主题词:名胜古迹—简介—陕西省

历史文物—简介—陕西省

分类:历史、地理→地理→中国地理→专类地理

目录:第104页 铜川文庙大成殿

《陕西孔庙》

作者及著作方式:裴建平主编

出版时间:2016年 页数:230页

简介:该书从历史溯源、建筑遗存、祭器碑刻、文化传承等方面展示了陕西孔庙的渊源发展,较为完整地体现了地域孔庙文化一脉相承的传承历史。最后一部分《陕西孔庙调研报告》全面反映了陕西孔庙的历史与现状,分析了存在的问题,提出了建议。

ISBN:978-7-224-11954-1

主题词:孔庙—介绍—陕西

分类:历史、地理→地理→中国地理→专类地理

目录:第47页 铜川孔庙

《陕西孔庙遗存及其文化价值研究》

作者及著作方式:王长坤著

出版时间:2017年11月 页数:359页

简介:该书搜集陕西地区各类方志、石刻资料,结合实地调查,对陕西孔庙遗存资料进行了系统归纳、整理和研究,通过对陕西各地孔庙遗存实例的分析,透视陕西传统社会政治、经济、文化发展的状况,探讨儒家和中国古代思想文化的发展和演变,归纳出陕西孔庙历史发展的特点及其文化价值。

ISBN:978-7-03-054998-3

主题词:孔庙—文物保护—研究—陕西

分类:历史、地理→地理→中国地理→专类地理

目录:第208页 第五章 铜川地区孔庙

第218页 第二节 铜川孔庙

《西北文化资源大典》

作者及著作方式:彭岚嘉主编

出版时间:2018 年 12 月　页数:1361 页

简介:该书是兰州大学中央高校基本科研业务费专项资金重大培育招标项目“西北地区文化资源调查、整合与开发”的阶段性成果,成果以条目的方式对西北地区五省区的文化资源进行系统的归纳和梳理,旨在全面把握和准确认识西北地区文化资源的特点、价值及其在复兴民族文化中的地位和作用。

ISBN:978-7-105-15568-2

主题词:地方文化—文化产业—研究—西北地区

分类:文化、科学、教育、体育→世界各国文化与文化事业→中国→地方文化与文化事业

目录:第 197 页　铜川文庙大成殿

绥德文庙

《绥德文库·绥德州志》

作者及著作方式:曹世玉总编

出版时间:2004 年 1 月　页数:594 页

简介:《绥德文库》收录的范围包括所有在绥德工作和生活过的作者的作品、所有绥德籍作者的作品、所有与绥德有关的作品。本卷分为 8 卷,介绍了绥德州的地理、学校、人物等各方面的情况。

ISBN:7-5034-1482-0

主题词:社会科学—文集

绥德县—地方志

分类:社会科学总论→社会科学丛书、文集、连续性出版物→丛书(汇刻书)、文库

目录:第 164 页　学宫

《陕西孔庙》

作者及著作方式:裴建平主编

出版时间:2016 年　页数:230 页

简介:该书从历史溯源、建筑遗存、祭器碑刻、文化传承等方面展示了陕西孔庙的渊源发展,较为完整地体现了地域孔庙文化一脉相承的传承历史。最后一部分《陕西孔庙调研报告》全面反映了陕西孔庙的历史与现状,分析

了存在的问题，提出了建议。

ISBN：978-7-224-11954-1

主题词：孔庙—介绍—陕西

分类：历史、地理→地理→中国地理→专类地理

目录：第 97 页　绥德孔庙

《陕西孔庙遗存及其文化价值研究》

作者及著作方式：王长坤著

出版时间：2017 年 11 月　页数：359 页

简介：该书搜集陕西地区各类方志、石刻资料，结合实地调查，对陕西孔庙遗存资料进行了系统归纳、整理和研究，通过对陕西各地孔庙遗存实例的分析，透视陕西传统社会政治、经济、文化发展的状况，探讨儒家和中国古代思想文化的发展和演变，归纳出陕西孔庙历史发展的特点及其文化价值。

ISBN：978-7-03-054998-3

主题词：孔庙—文物保护—研究—陕西

分类：历史、地理→地理→中国地理→专类地理

目录：第 315 页　第二节　绥德孔庙

麟游文庙

《中国佛道儒教楹联精选》

作者及著作方式:解维汉编选

出版时间:2008年9月　页数:278页

丛书名:龙魂楹联文化丛书

简介:该书收集中国佛、道、儒教楹联2847副,佛教按寺、庵分类,道教按观、宫、庵、庙(城隍庙、土地庙、财神庙、东岳庙、吕祖庙)分类,儒教按文庙、武庙分类。

ISBN:978-7-224-08391-0

主题词:对联—作品集—中国

分类:文学→中国文学→杂著

目录:第236页　麟游老县城文庙

《陕西孔庙》

作者及著作方式:裴建平主编

出版时间:2016年　页数:230页

简介:该书从历史溯源、建筑遗存、祭器碑刻、文化传承等方面展示了陕西孔庙的渊源发展,较为完整地体现了地域孔庙文化一脉相承的传承历史。最后一部分《陕西孔庙调研报告》全面反映了陕西孔庙的历史与现状,分析了存在的问题,提出了建议。

ISBN:978-7-224-11954-1

主题词:孔庙—介绍—陕西

分类:历史、地理→地理→中国地理→专类地理

目录:第 222 页　麟游孔庙

《陕西碑刻总目提要初编》第 2 册

作者及著作方式:吴敏霞主编;刘思怡、王珂分册主编

出版时间:2018 年 12 月　页数:340 页

简介:该书收录陕西境内历代碑、墓志、墓砖、摩崖石刻、造像题记、经幢、塔铭等多种类型的石刻资料。其中所收各类碑刻年代上自秦汉,下迄民国末年,著录信息包括碑名、年代、形制、行字、撰书刻者、纹饰、出土地、现藏地、著录情况及提要等多方面内容。

ISBN:978-7-03-051374-8

主题词:碑刻—内容提要—陕西—古代

分类:历史、地理→文物考古→中国文物考古→古书契

目录:第 221 页　麟游县改建庙学记碑

米脂文庙

《米脂县志》

作者及著作方式:米脂县志编纂委员会编

出版时间:1993 年 3 月　页数:810 页

丛书名:陕西省地方志丛书

简介:该书记录了米脂县自原始社会起至 1989 年止全县各方面的历史发展与现状。

ISBN:7-224-02876-2

主题词:地方志(地点:米脂县)

分类:历史、地理→中国史→地方史志

目录:第 508 页　第二节　学宫书院

《陕西孔庙》

作者及著作方式:裴建平主编

出版时间:2016 年　页数:230 页

简介:该书从历史溯源、建筑遗存、祭器碑刻、文化传承等方面展示了陕西孔庙的渊源发展,较为完整地体现了地域孔庙文化一脉相承的传承历史。最后一部分《陕西孔庙调研报告》全面反映了陕西孔庙的历史与现状,分析了存在的问题,提出了建议。

ISBN:978-7-224-11954-1

主题词:孔庙—介绍—陕西

分类:历史、地理→地理→中国地理→专类地理

目录:第 99 页　米脂孔庙

《陕西孔庙遗存及其文化价值研究》

作者及著作方式:王长坤著

出版时间:2017 年 11 月　页数:359 页

简介:该书搜集陕西地区各类方志、石刻资料,结合实地调查,对陕西孔庙遗存资料进行了系统归纳、整理和研究,通过对陕西各地孔庙遗存实例的分析,透视陕西传统社会政治、经济、文化发展的状况,探讨儒家和中国古代思想文化的发展和演变,归纳出陕西孔庙历史发展的特点及其文化价值。

ISBN:978-7-03-054998-3

主题词:孔庙—文物保护—研究—陕西

分类:历史、地理→地理→中国地理→专类地理

目录:第 321 页　第三节　米脂孔庙

三原文庙

《三原县志》

作者及著作方式:三原县志编纂委员会编;梁思法主编

出版时间:2000 年　页数:1145 页

丛书名:陕西地方志丛书

简介:本志包括行政建置、自然地理、自然灾害、人口、经济管理、农业、水利、食品、交通、邮电、商贸、财政金融等 31 篇内容。

ISBN:7-224-05428-3

主题词:地方志—陕西—三原县

分类:历史、地理→中国史→地方史志

目录:第 953 页　第七节　文庙(遗址)

《中国文化史迹》第 9 卷

作者及著作方式:浙江人民美术出版社编

出版时间:2017 年 6 月　页数:186 页

简介:该书是对中国传统文化史迹图像资源的汇编,共收入稀见文物史料遗迹照片约 3000 张,对于研究文物成就、中国传统文化及文明有重要的参考价值。

ISBN:978-7-5340-5847-9

主题词:文化史—中国—图集

分类:历史、地理→中国史→通史→文化史

目录:第 143 页　三原文庙元大德碑

　　第 144 页　三原文庙大成殿

《陕西孔庙》

作者及著作方式:裴建平主编

出版时间:2016 年　页数:230 页

简介:该书从历史溯源、建筑遗存、祭器碑刻、文化传承等方面展示了陕西孔庙的渊源发展,较为完整地体现了地域孔庙文化一脉相承的传承历史。最后一部分《陕西孔庙调研报告》全面反映了陕西孔庙的历史与现状,分析了存在的问题,提出了建议。

ISBN:978-7-224-11954-1

主题词:孔庙—介绍—陕西

分类:历史、地理→地理→中国地理→专类地理

目录:第 44 页　三原孔庙

《陕西孔庙遗存及其文化价值研究》

作者及著作方式:王长坤著

出版时间:2017 年 11 月　页数:359 页

简介:该书搜集陕西地区各类方志、石刻资料,结合实地调查,对陕西孔庙遗存资料进行了系统归纳、整理和研究,通过对陕西各地孔庙遗存实例的分析,透视陕西传统社会政治、经济、文化发展的状况,探讨儒家和中国古代思想文化的发展和演变,归纳出陕西孔庙历史发展的特点及其文化价值。

ISBN:978-7-03-054998-3

主题词:孔庙—文物保护—研究—陕西

分类:历史、地理→地理→中国地理→专类地理

目录:第 154 页　第六节　三原孔庙

周至文庙

《陕西名胜概览》

作者及著作方式:谢长峰编

出版时间:2007年1月　页数:650页

简介:该书介绍了陕西境内1600余处名胜古迹的地理方位、历史沿革、古况今貌、逸闻趣事等。

ISBN:7-80736-104-2

主题词:名胜古迹—简介—陕西省

分类:历史、地理→地理→中国地理→专类地理

目录:第147页　周至文庙

《中国佛道儒教楹联精选》

作者及著作方式:解维汉编选

出版时间:2008年9月　页数:278页

丛书名:龙魂楹联文化丛书

简介:该书收集中国佛、道、儒教楹联2847副,佛教按寺、庵分类,道教按观、宫、庵、庙(城隍庙、土地庙、财神庙、东岳庙、吕祖庙)分类,儒教按文庙、武庙分类。

ISBN:978-7-224-08391-0

主题词:对联—作品集—中国

分类:文学→中国文学→杂著

目录:第 233 页　周至两坡尊孔精舍

《陕西孔庙》

作者及著作方式:裴建平主编

出版时间:2016 年　页数:230 页

简介:该书从历史溯源、建筑遗存、祭器碑刻、文化传承等方面展示了陕西孔庙的渊源发展,较为完整地体现了地域孔庙文化一脉相承的传承历史。最后一部分《陕西孔庙调研报告》全面反映了陕西孔庙的历史与现状,分析了存在的问题,提出了建议。

ISBN:978-7-224-11954-1

主题词:孔庙—介绍—陕西

分类:历史、地理→地理→中国地理→专类地理

目录:第 224 页　周至孔庙

《陕西孔庙遗存及其文化价值研究》

作者及著作方式:王长坤著

出版时间:2017 年 11 月　页数:359 页

简介:该书搜集陕西地区各类方志、石刻资料,结合实地调查,对陕西孔庙遗存资料进行了系统归纳、整理和研究,通过对陕西各地孔庙遗存实例的分析,透视陕西传统社会政治、经济、文化发展的状况,探讨儒家和中国古代思想文化的发展和演变,归纳出陕西孔庙历史发展的特点及其文化价值。

ISBN:978-7-03-054998-3

主题词:孔庙—文物保护—研究—陕西

分类:历史、地理→地理→中国地理→专类地理

目录:第 103 页　第五节　周至县侯家村镇五泉村孔庙

华县文庙

扶风夫子庙碑(拓本)

作者及著作方式:(唐)颜真卿正书

拓本——陕西省华县,唐大历二年(767)——1 张;27cm×33cm

《陕西东府名胜与民俗(上)　胜景古迹》

作者及著作方式:王杰山编著

出版时间:2004 年 12 月　页数:522 页

简介:《陕西东府名胜与民俗》是介绍渭南名胜与民俗的通俗读物,是当地干部群众、青年学生和有意来渭南开发建设、旅游观光的国内外人士了解渭南、认识渭南的资料性图书,也是在国内外工作和定居的渭南籍人士回味家乡、热爱故土的有益读本。该卷共 11 章,较为全面介绍了四大风景区的胜景古迹,把东府渭南秀美夺目的山水泉原,古老璀璨的名胜古迹逐一展现在读者面前。

ISBN:7-5418-2015-6

主题词:陕西—旅游

分类:历史、地理→地理→中国地理→专类地理

目录:第 74 页　华县文庙

《陕西孔庙》

作者及著作方式:裴建平主编

出版时间:2016 年　页数:230 页

简介:该书从历史溯源、建筑遗存、祭器碑刻、文化传承等方面展示了陕西孔庙的渊源发展,较为完整地体现了地域孔庙文化一脉相承的传承历史。最后一部分《陕西孔庙调研报告》全面反映了陕西孔庙的历史与现状,分析了存在的问题,提出了建议。

ISBN:978-7-224-11954-1

主题词:孔庙—介绍—陕西

分类:历史、地理→地理→中国地理→专类地理

目录:第 58 页　华县孔庙

《陕西孔庙遗存及其文化价值研究》

作者及著作方式:王长坤著

出版时间:2017 年 11 月　页数:359 页

简介:该书搜集陕西地区各类方志、石刻资料,结合实地调查,对陕西孔庙遗存资料进行了系统归纳、整理和研究,通过对陕西各地孔庙遗存实例的分析,透视陕西传统社会政治、经济、文化发展的状况,探讨儒家和中国古代思想文化的发展和演变,归纳出陕西孔庙历史发展的特点及其文化价值。

ISBN:978-7-03-054998-3

主题词:孔庙—文物保护—研究—陕西

分类:历史、地理→地理→中国地理→专类地理

目录:第 190 页　第四节　华县孔庙

安康文庙

《安康碑石》

作者及著作方式:张沛编著

出版时间:1991年5月　页数:426页

丛书名:陕西金石文献汇集

简介:该书为陕西省安康地区碑石文献专集,内容包括现存的碑碣、墓志与摩崖刻石,同时还收录了部分与碑石文献具有同样价值的金文、砖铭、钟款、地券、木碑和瓷志。

ISBN:7-80546-308-5

主题词:碑刻—考古(地点:中国　地点:陕西省　地点:安康地区)

考古—碑刻(地点:中国　地点:陕西省　地点:安康地区)

分类:历史、地理→文物考古→中国文物考古→古书契

目录:第59页　旬阳县重修儒学碑(明万历三十三年)

第62页　紫阳县重修文庙儒学碑(明万历三十七年)

第64页　紫阳县重修文庙碑(明万历三十七年)

第109页　儒学卧碑(清嘉庆十五年)

《安康碑版钩沉》

作者及著作方式:李启良等搜集整理校注

出版时间:1998年2月　页数:486页

简介：古有镌刻顽石以颂其功者，亦有沉碑于汉而沽今名者，其意原在于求传不朽。秦巴山中多美石，其民朴而巧，每有兴废升沉之事，辄刻于碑碣以奖善戒恶，名曰“流芳千秋”，旨趣却在于促进世治文明。安康境内明清时期刻石之风尤盛，凡屋壁道侧，荒茔野冢，无不可以竖碑立碣以记人情物事。该书收集了从唐宋到清末民初的470多处现存碑文，对于研究安康地区政治、经济和文化生活具有极为重要的参考价值。

ISBN：7-224-04565-9

主题词：碑文（学科：考证　地点：安康地区）

分类：历史、地理→文物考古→中国文物考古→古书契

目录：第8页　有宋复武功大夫果州团练使安康郡侯任公之墓碑　（宋）田齐卿

第161页　金州重修文庙碑记　（元）郑均

第164页　紫阳重修儒学碑记　（明）刘宇

第168页　汉阳重修文庙碑记　（明）康浩

第169页　紫阳重修儒学碑　（明）张继芳

第190页　紫阳重修文庙碑　（清）孙永济

《陕西文物古迹大观（三）》

作者及著作方式：陕西省文物局编

出版时间：2006年10月　页数：590页

简介：该书是1998年和2003年陕西省文物局编写出版的第一、二册《陕西省文物古迹大观》的续编，对陕西省人民政府公布的第一至第四批省级文物保护单位运用最新资料进行了科学、详细的概述，并配有大量照片和插图。

ISBN：7-80736-121-2

主题词：名胜古迹—简介—陕西省

历史文物—简介—陕西省

分类：历史、地理→地理→中国地理→专类地理

目录：第437页　三、安康文庙大成殿

《安康老城漫步》

作者及著作方式:周邦基著

出版时间:2010 年 5 月　页数:346 页

简介:该书是对安康老城主要文化元素的研究成果,是一部珍贵的地情资料。该书主要由城堤、街巷、会馆、寺庙、庙会等部分组成。

ISBN:978-7-80748-574-2

主题词:安康地区—概况

分类:历史、地理→地理→中国地理

目录:第 159 页　文庙(安康)

《陕西孔庙》

作者及著作方式:裴建平主编

出版时间:2016 年　页数:230 页

简介:该书从历史溯源、建筑遗存、祭器碑刻、文化传承等方面展示了陕西孔庙的渊源发展,较为完整地体现了地域孔庙文化一脉相承的传承历史。最后一部分《陕西孔庙调研报告》全面反映了陕西孔庙的历史与现状,分析了存在的问题,提出了建议。

ISBN:978-7-224-11954-1

主题词:孔庙—介绍—陕西

分类:历史、地理→地理→中国地理→专类地理

目录:第 77 页　安康孔庙

《陕西孔庙遗存及其文化价值研究》

作者及著作方式:王长坤著

出版时间:2017 年 11 月　页数:359 页

简介:该书搜集陕西地区各类方志、石刻资料,结合实地调查,对陕西孔庙遗存资料进行了系统归纳、整理和研究,通过对陕西各地孔庙遗存实例的分析,透视陕西传统社会政治、经济、文化发展的状况,探讨儒家和中国古代思想文化的发展和演变,归纳出陕西孔庙历史发展的特点及其文化价值。

ISBN:978-7-03-054998-3

主题词:孔庙—文物保护—研究—陕西

分类:历史、地理→地理→中国地理→专类地理

目录:第 258 页　第八章安康地区孔庙

第 259 页　第一节　安康孔庙

《西北文化资源大典》

作者及著作方式:彭岚嘉主编

出版时间:2018 年 12 月　页数:1361 页

简介:该书是兰州大学中央高校基本科研业务费专项资金重大培育招标项目“西北地区文化资源调查、整合与开发”的阶段性成果,以条目的方式对西北地区五省区的文化资源进行系统的归纳和梳理,旨在全面把握和准确认识西北地区文化资源的特点、价值,及其在复兴民族文化中的地位和作用。

ISBN:978-7-105-15568-2

主题词:地方文化—文化产业—研究—西北地区

分类:文化、科学、教育、体育→世界各国文化与文化事业→中国→地方文化与文化事业

目录:第 201 页　安康文庙大成殿

吴堡文庙

《吴堡县志》

作者及著作方式:吴堡县志编纂委员会编

出版时间:1995 年 8 月　页数:889 页

丛书名:陕西地方志丛书

简介:清道光二十七年(1847),吴堡县曾由知县谭瑀组织编写印刷《吴堡县志》,此后再未续编。此次新编《吴堡县志》历时数年,以历史唯物主义和辩证唯物主义的立场、观点和方法,实事求是地记载了吴堡县的自然风貌、人口、政治、经济、军事、教育、科技、文化、风土人情等诸方面的变革发展。

ISBN:7-224-03929-2

主题词:地方志(地点:吴堡县)

分类:历史、地理→中国史→地方史志

目录:第 586 页　第一节　县学书院

《陕西孔庙》

作者及著作方式:裴建平主编

出版时间:2016 年　页数:230 页

简介:该书从历史溯源、建筑遗存、祭器碑刻、文化传承等方面展示了陕西孔庙的渊源发展,较为完整地体现了地域孔庙文化一脉相承的传承历史。

最后一部分《陕西孔庙调研报告》全面反映了陕西孔庙的历史与现状，分析了存在的问题，提出了建议。

ISBN：978-7-224-11954-1

主题词：孔庙—介绍—陕西

分类：历史、地理→地理→中国地理→专类地理

目录：第 101 页　吴堡孔庙

　　　第 218 页　吴堡孔庙

《陕西孔庙遗存及其文化价值研究》

作者及著作方式：王长坤著

出版时间：2017 年 11 月　页数：359 页

简介：该书搜集陕西地区各类方志、石刻资料，结合实地调查，对陕西孔庙遗存资料进行了系统归纳、整理和研究，通过对陕西各地孔庙遗存实例的分析，透视陕西传统社会政治、经济、文化发展的状况，探讨儒家和中国古代思想文化的发展和演变，归纳出陕西孔庙历史发展的特点及其文化价值。

ISBN：978-7-03-054998-3

主题词：孔庙—文物保护—研究—陕西

分类：历史、地理→地理→中国地理→专类地理

目录：第 325 页　第四节　吴堡孔庙

户县文庙

《中国孔庙》

作者及著作方式:高文、范小平编著

出版时间:1994 年 10 月　页数:153 页

简介:该书在查阅大量历史文献、实地考察各地孔庙的基础上,对中国孔庙进行了系统研究。这是迄今为止系统介绍中国孔庙的第一本书。该书图文并茂,史料翔实,为儒学研究和孔庙研究提供了新资料,为挖掘、整理、弘扬中华民族优秀文化遗产写下了新篇章。

ISBN:7-80575-659-7

主题词:孔庙—建筑史(地点:中国)

　　　　建筑史—孔庙(地点:中国)

分类:工业技术→建筑科学→建筑理论→建筑史

目录:第 82 页　72.陕西户县文庙

《户县文物志》

作者及著作方式:《户县文物志》编纂委员会编

出版时间:1995 年 12 月　页数:289 页

简介:户县位于古长安近郊,是周、秦、汉、唐等十三个王朝的京畿重地,为古代中国社会政治、经济和文化最为发达的地区之一。因此,户县地上和地下都留存着丰富的遗物和遗址,是中华民族宝贵的文化遗产。自明代至民国，户县旧志纂修、续修、重修达九次之多。重新编纂《户县文物志》体现了时代的发展和社会的进步。该书严格从本县文物的历史与现状出发，实事求是，如实编写，其内容丰富，资料翔实，体例规整，文笔畅达，是一部充分体现户县特色和优势的文物志专著。

ISBN：7-5419-6267-8

主题词：文物考古—户县

分类：历史、地理→文物考古→中国文物考古→地区文物考古

目录：第 27 页　三户县故城

　　　第 85 页　三文庙

《陕西文物古迹大观(三)》

作者及著作方式：陕西省文物局编

出版时间：2006 年 10 月　页数：590 页

简介：该书是 1998 年和 2003 年陕西省文物局编写出版的第一、二册《陕西省文物古迹大观》的续编，对陕西省人民政府公布的第一至第四批省级文物保护单位运用最新资料进行了科学、详细的概述，并配有大量照片和插图。

ISBN：7-80736-121-2

主题词：名胜古迹—简介—陕西省

　　　　历史文物—简介—陕西省

分类：历史、地理→地理→中国地理→专类地理

目录：第 67 页　户县文庙

《秦岭碑刻的田野调查与价值研究》

作者及著作方式：吴敏霞等著

出版时间：2016 年 6 月　页数：387 页

简介：该书立足大秦岭的广阔地域，配合国家大秦岭保护与开发战略，从挖掘秦岭文化资源的角度，首次对秦岭碑刻进行了专题田野调查与研究，初步厘清了秦岭碑刻的总体数量、类型及内容，揭示了秦岭碑刻的特点。

ISBN：978-7-03-048424-6

主题词：秦岭—碑刻—调查研究

分类：历史、地理→文物考古→中国文物考古→古书契

目录：第 81 页　第七章　重阳宫、草堂寺、户县文庙碑刻

第 101 页　三、户县文庙碑刻

《陕西孔庙》

作者及著作方式：裴建平主编

出版时间：2016 年　页数：230 页

简介：该书从历史溯源、建筑遗存、祭器碑刻、文化传承等方面展示了陕西孔庙的渊源发展，较为完整地体现了地域孔庙文化一脉相承的传承历史。最后一部分《陕西孔庙调研报告》全面反映了陕西孔庙的历史与现状，分析了存在的问题，提出了建议。

ISBN：978-7-224-11954-1

主题词：孔庙—介绍—陕西

分类：历史、地理→地理→中国地理→专类地理

目录：第 31 页　户县孔庙

《陕西孔庙遗存及其文化价值研究》

作者及著作方式：王长坤著

出版时间：2017 年 11 月　页数：359 页

简介：该书搜集陕西地区各类方志、石刻资料，结合实地调查，对陕西孔庙遗存资料进行了系统归纳、整理和研究，通过对陕西各地孔庙遗存实例的分析，透视陕西传统社会政治、经济、文化发展的状况，探讨儒家和中国古代思想文化的发展和演变，归纳出陕西孔庙历史发展的特点及其文化价值。

ISBN：978-7-03-054998-3

主题词：孔庙—文物保护—研究—陕西

分类：历史、地理→地理→中国地理→专类地理

目录：第 86 页　户县孔庙

《陕西碑刻总目提要初编》第 2 册

作者及著作方式：吴敏霞主编；刘思怡、王珂分册主编

出版时间：2018 年 12 月　页数：340 页

简介：该书收录陕西境内历代碑、墓志、墓砖、摩崖石刻、造像题记、经幢、塔铭等多种类型的石刻资料。其中所收各类碑刻年代上自秦汉，下迄民国末年，著录信息包括碑名、年代、形制、行字、撰书刻者、纹饰、出土地、现藏地、著录情况及提要等多方面内容。

ISBN：978-7-03-051374-8

主题词：碑刻—内容提要—陕西—古代

分类：历史、地理→文物考古→中国文物考古→古书契

目录：第 310 页　鄠县重修庙学碑记

《陕西碑刻总目提要初编》第 3 册

作者及著作方式：吴敏霞主编；范志鹏、高叶青分册主编

出版时间：2018 年 12 月　页数：326 页

简介：该书收录陕西境内历代碑、墓志、墓砖、摩崖石刻、造像题记、经幢、塔铭等多种类型的石刻资料；所收各类碑刻年代上自秦汉，下迄民国末年；所收碑刻的著录信息包括碑名、年代、形制、行字、撰书刻者、纹饰、出土地、现藏地、著录情况及提要等多方面内容。

ISBN：978-7-03-051374-8

主题词：碑刻—内容提要—陕西—古代

分类：历史、地理→文物考古→中国文物考古→古书契

目录：第 50 页　盩厔骆侯重修鄠县文庙碑记

《陕西碑刻总目提要初编》第 4 册

作者及著作方式：吴敏霞主编；杨志飞分册主编

出版时间：2018 年 12 月　页数：252 页

简介：该书收录陕西境内历代碑、墓志、墓砖、摩崖石刻、造像题记、经幢、塔铭等多种类型的石刻资料；所收各类碑刻年代上自秦汉，下迄民国末

年;所收碑刻的著录信息包括碑名、年代、形制、行字、撰书刻者、纹饰、出土地、现藏地、著录情况及提要等多方面内容。

ISBN:978-7-03-051374-8

主题词:碑刻—内容提要—陕西—古代

分类:历史、地理→文物考古→中国文物考古→古书契

目录:第70页　重修户县文庙碑

洛川文庙

《陕西孔庙》

作者及著作方式:裴建平主编

出版时间:2016 年　页数:230 页

简介:该书从历史溯源、建筑遗存、祭器碑刻、文化传承等方面展示了陕西孔庙的渊源发展,较为完整地体现了地域孔庙文化一脉相承的传承历史。最后一部分《陕西孔庙调研报告》全面反映了陕西孔庙的历史与现状,分析了存在的问题,提出了建议。

ISBN:978-7-224-11954-1

主题词:孔庙—介绍—陕西

分类:历史、地理→地理→中国地理→专类地理

目录:第 90 页　洛川孔庙

《陕西孔庙遗存及其文化价值研究》

作者及著作方式:王长坤著

出版时间:2016 年　页数:359 页

简介:该书搜集陕西地区各类方志、石刻资料,结合实地调查,对陕西孔庙遗存资料进行了系统归纳、整理和研究,通过对陕西各地孔庙遗存实例的分析,透视陕西传统社会政治、经济、文化发展的状况,探讨儒家和中国古代思想文化的发展和演变,归纳出陕西孔庙历史发展的特点及其文化价值。

ISBN:978-7-03-054998-3

主题词:孔庙—文物保护—研究—陕西

分类:历史、地理→地理→中国地理→专类地理

西乡文庙

《陕西孔庙》

作者及著作方式:裴建平主编

出版时间:2016 年　页数:230 页

简介:该书从历史溯源、建筑遗存、祭器碑刻、文化传承等方面展示了陕西孔庙的渊源发展,较为完整地体现了地域孔庙文化一脉相承的传承历史。最后一部分《陕西孔庙调研报告》全面反映了陕西孔庙的历史与现状,分析了存在的问题,提出了建议。

ISBN:978-7-224-11954-1

主题词:孔庙—介绍—陕西

分类:历史、地理→地理→中国地理→专类地理

目录:第 75 页　西乡孔庙

《陕西孔庙遗存及其文化价值研究》

作者及著作方式:王长坤著

出版时间:2016 年　页数:359 页

简介:该书搜集陕西地区各类方志、石刻资料,结合实地调查,对陕西孔庙遗存资料进行了系统归纳、整理和研究,通过对陕西各地孔庙遗存实例的分析,透视陕西传统社会政治、经济、文化发展的状况,探讨儒家和中国古代思想文化的发展和演变,归纳出陕西孔庙历史发展的特点及其文化价值。

ISBN:978-7-03-054998-3

主题词:孔庙—文物保护—研究—陕西

分类:历史、地理→地理→中国地理→专类地理

目录:第 11 页　第一章　陕西孔庙的历史发展及形制特征

第 255 页　第四节　西乡孔庙

《陕西碑刻总目提要初编》第 2 册

作者及著作方式:吴敏霞主编;刘思怡、王珂分册主编

出版时间:2018 年 12 月　页数:340 页

简介:该书收录陕西境内历代碑、墓志、墓砖、摩崖石刻、造像题记、经幢、塔铭等多种类型的石刻资料。其中所收各类碑刻年代上自秦汉,下迄民国末年,著录信息包括碑名、年代、形制、行字、撰书刻者、纹饰、出土地、现藏地、著录情况及提要等多方面内容。

ISBN:978-7-03-051374-8

主题词:碑刻—内容提要—陕西—古代

分类:历史、地理→文物考古→中国文物考古→古书契

目录:第 233 页　汉中府西乡县重修庙学记

礼泉文庙

《礼泉县文物志》

作者及著作方式:张崇德编著

出版时间:2006 年 11 月　页数:368 页

简介:该书共分十二卷,对礼泉县历史沿革与县名考释、遗址、陵墓、古建筑、金石、砖石雕刻、古钱币、书法印章绘画、陶瓷器、革命文物、礼泉县馆藏古籍书目汇编、文献辑录等进行了详细考释,并配有大量插图。

ISBN:7-5065-2804-7

主题词:文物—概况—礼泉县

分类:历史、地理→文物考古→中国文物考古→地区文物考古

目录:第 3 页　礼泉县文物概况

第 31 页　第五节　明迄今礼泉县城城址

第 60 页　第二节　文庙遗址

《礼泉县文史资料》第 1 辑

作者及著作方式:中国人民政治协商会议陕西省礼泉县委员会编

出版时间:1986 年 4 月　页数:128 页

简介:该书本着贵在求真的历史态度撰写并征集礼泉县文史资料,旨在为系统研究、整理地方史提供翔实、可靠的资料,对青年一代有史据地进行爱国主义教育,促进并宣扬社会主义物质文明和精神文明具有深远的现实

意义。

主题词:文史资料—礼泉县

分类:历史、地理→中国史→地方史志

目录:第 98 页 从文庙说起 阎志霄

《陕西文物古迹大观(三)》

作者及著作方式:陕西省文物局编

出版时间:2006 年 10 月 页数:590 页

简介:该书是 1998 年和 2003 年陕西省文物局编写出版的第一、二册《陕西省文物古迹大观》的续编,对陕西省人民政府公布的第一至第四批省级文物保护单位运用最新资料进行了科学、详细的概述,并配有大量照片和插图。

ISBN:7-80736-121-2

主题词:名胜古迹—简介—陕西省

历史文物—简介—陕西省

分类:历史、地理→地理→中国地理→专类地理

目录:第 273 页 礼泉文庙

《咸阳文物古迹大观》

作者及著作方式:樊延平主编

出版时间:2007 年 12 月 页数:301 页

简介:该书从古遗址、古墓葬、石刻等不可移动文物和馆藏文物的角度,详尽地介绍了咸阳市国保单位、省保单位和县保单位的文物,对文物保护和宣传起到了一定的作用。

ISBN:978-7-80736-301-9

主题词:历史文物—简介—咸阳市

名胜古迹—简介—咸阳市

分类:历史、地理→地理→中国地理→专类地理

目录:第 237 页 礼泉文庙

《咸阳市文物志》

作者及著作方式:咸阳市文物事业管理局编

出版时间:2008 年 12 月　页数:590 页

简介:该书共分 20 章,主要介绍了咸阳市的文物、近代史遗迹、行政管理机构和文博单位、文物保护工作、文物调查、发掘与研究、陈列展览等。

ISBN:978-7-80736-481-8

主题词:文物—概况—咸阳市

分类:历史、地理→文物考古→中国文物考古→地区文物考古

目录:第 157 页　礼泉文庙

《故乡集美》

作者及著作方式:王静著

出版时间:2015 年 3 月　页数:216 页

简介:该书分为花开果熟四季悦香、农家酒醇村乡风暖、一城新景半城神仙、寻幽探胜山水有情、良质美手镂月裁云、五谷真纯美味留香等八章,主要包括花满礼泉、礼泉苹果、史德御桃、山底御杏、葡萄熟了、柿子红了等内容。

ISBN:978-7-5518-0984-9

主题词:散文集—中国—当代

分类:文学→中国文学→散文→当代作品(1949 年～　)

目录:第 73 页　礼泉文庙

《陕西孔庙》

作者及著作方式:裴建平主编

出版时间:2016 年　页数:230 页

简介:该书从历史溯源、建筑遗存、祭器碑刻、文化传承等方面展示了陕西孔庙的渊源发展,较为完整地体现了地域孔庙文化一脉相承的传承历史。最后一部分《陕西孔庙调研报告》全面反映了陕西孔庙的历史与现状,分析了存在的问题,提出了建议。

ISBN:978-7-224-11954-1

主题词:孔庙—介绍—陕西

分类:历史、地理→地理→中国地理→专类地理

目录:第 38 页　礼泉孔庙

《陕西孔庙遗存及其文化价值研究》

作者及著作方式:王长坤著

出版时间:2017 年 11 月　页数:359 页

简介:该书搜集陕西地区各类方志、石刻资料,结合实地调查,对陕西孔庙遗存资料进行了系统归纳、整理和研究,通过对陕西各地孔庙遗存实例的分析,透视陕西传统社会政治、经济、文化发展的状况,探讨儒家和中国古代思想文化的发展和演变,归纳出陕西孔庙历史发展的特点及其文化价值。

ISBN:978-7-03-054998-3

主题词:孔庙—文物保护—研究—陕西

分类:历史、地理→地理→中国地理→专类地理

目录:第 147 页　第五节　礼泉孔庙

《西北文化资源大典》

作者及著作方式:彭岚嘉主编

出版时间:2018 年 12 月　页数:1361 页

简介:该书是兰州大学中央高校基本科研业务费专项资金重大培育招标项目“西北地区文化资源调查、整合与开发”的阶段性成果,以条目的方式对西北地区五省区的文化资源进行系统的归纳和梳理,旨在全面把握和准确认识西北地区文化资源的特点、价值及其在复兴民族文化中的地位和作用。

ISBN:978-7-105-15568-2

主题词:地方文化—文化产业—研究—西北地区

分类:文化、科学、教育、体育→世界各国文化与文化事业→中国→地方文化与文化事业

目录:第 198 页　礼泉文庙

洛南文庙

《商洛名胜》

作者及著作方式:商洛地区地方志编纂领导小组办公室编

出版时间:1987 年 10 月　页数:298 页

简介:商洛位于陕西省东南部,是鄂、豫、陕三省交界地带,古为京畿长安东南的重要门户,也是我国西北地区通往东南诸地的交通要道,历史悠久,文化底蕴深厚。本书搜集了洛南名胜、古迹、革命旧址、景观建筑共四类,虽然仅是境内景观的一鳞半甲,但这些灿烂的文物之花既是历史的见证,又是商洛人民智慧的结晶,具有重要的历史价值。

主题词:名胜古迹—商洛

分类:历史、地理→地理→中国地理→专类地理

目录:第 180 页　镇安县文庙

　　第 208 页　洛南文庙

《中国孔庙》

作者及著作方式:高文、范小平编著

出版时间:1994 年 10 月　页数:153 页

简介:该书在查阅大量历史文献、实地考察各地孔庙的基础上,对中国孔庙进行了系统研究。这是迄今为止,系统介绍中国孔庙的第一本书。该书图文并茂,史料翔实,为儒学研究和孔庙研究提供了新资料,为挖掘、整

理、弘扬中华民族优秀文化遗产写下了新篇章。

ISBN:7-80575-659-7

主题词:孔庙—建筑史—中国

分类:工业技术→建筑科学→建筑理论→建筑史

目录:第 85 页　77.陕西洛南文庙

《商州古今》

作者及著作方式:温申武、陈步蟾主编

出版时间:2000 年 3 月　页数:331 页

简介:“自古商山是胜游。”改革开放以来,随着商洛地区交通区位优势日益显现,来此地旅游的人越来越多。为乘西部大开发东风,抓住“山川秀美”工程,将商洛建成西安的“后花园”,更为方便商洛旅游,该书系统介绍了古商州(今商洛地区)的历史沿革、名胜古迹、风土人情、方物特产等情况,供来商洛旅游的外地人、外国人对商洛有大致了解。

ISBN:7-5418-1391-5

主题词:地方史—商洛地区

分类:历史、地理→中国史→地方史志

目录:第 64 页　洛南文庙

《华夏之旅·陕西》

作者及著作方式:唐志辉主编;王庆东编著

出版时间:2001 年 1 月　页数:250 页

丛书名:华夏之旅

简介:本册包括陕西概述、古都西安、咸阳—宝鸡西线游、铜川—延安—榆林北线游、汉中—安康—商洛南等内容。

ISBN:7-5637-0921-5

主题词:旅游指南—陕西省

分类:历史、地理→地理→中国地理→专类地理

目录:第 246 页　洛南文庙

《可爱的商洛》(中英文本)

作者及著作方式:周敏主编;方立等摄影;黑玉琴译

出版时间:2003 年　页数:54 页

简介:该书收录了《白浪日出》《黑漆红彩陶胎漆器》《洛南文庙》《船帮会馆》《生龙寨》等图片,展现了商洛在全面建设小康社会中奋起的面貌。

ISBN:7-5368-1722-3

主题词:商洛—概况

分类:历史、地理→地理→中国地理

《西北中国》

作者及著作方式:《藏羚羊自助游》编辑部编

出版时间:2003 年 3 月　页数:419 页

丛书名:藏羚羊自助游

简介:该书介绍了新疆、青海、甘肃、宁夏、陕西等地的旅游知识,介绍了出行指南、实用信息、景区名胜等,提供了非常实用的旅游信息。

ISBN:7-5000-6771-2

主题词:旅游指南—西北地区

分类:历史、地理→地理→中国地理→专类地理

目录:第 390 页　洛南文庙

《陕西》

作者及著作方式:陈跃、刘颖慧著

出版时间:2003 年 3 月　页数:180 页

丛书名:藏羚羊自助游

简介:该书正文包括精彩陕西、话说陕西、出行指南、实用信息等;地图包括关中地区、秦岭、陕北地区、汉中地区、安康地区、商洛地区。

ISBN:7-5000-6767-4

主题词:旅游指南—陕西省

分类:历史、地理→地理→中国地理→专类地理

目录:第 155 页　洛南文庙

《游遍中国》陕西卷

作者及著作方式:李麟主编

出版时间:2003 年 10 月　页数:373 页

简介:该书是陕西省的旅游指南,对西安、咸阳、延安等地的阿房宫遗址、秦始皇陵、杨贵妃墓等景点及具有特殊意义的景观与名胜进行了介绍。

ISBN:7-225-02435-3

主题词:旅游指南—中国

　　　旅游指南—陕西省

分类:历史、地理→地理→中国地理→专类地理

目录:第 234 页　洛南文庙

《商洛屋脊》

作者及著作方式:孙中振著

出版时间:2005 年 2 月　页数:131 页

丛书名:三秦文化丛书

简介:该书内容包括李十三和他的十大本,秦腔名师封至模,秦腔正宗李正敏,何振中的表演艺术,三朵早谢的花,易俗社名家小传等。

ISBN:7-80628-924-0

主题词:随笔—作品集—中国——当代

分类:文学→中国文学→散文→当代作品(1949 年～　)

目录:第 10 页　洛南文庙大成殿正脊脊端、垂脊与山脊

　　第 11 页　洛南文庙大成殿正脊脊首

　　第 12 页　洛南文庙灵星门

《陕西文物古迹大观(三)》

作者及著作方式:陕西省文物局编

出版时间:2006 年 10 月　页数:590 页

简介:该书是 1998 年和 2003 年陕西省文物局编写出版的第一、二册《陕

西省文物古迹大观》的续编，对陕西省人民政府公布的第一至第四批省级文物保护单位运用最新资料进行了科学、详细的概述，并配有大量照片和插图。

ISBN:7-80736-121-2

主题词:名胜古迹—简介—陕西省

历史文物—简介—陕西省

分类:历史、地理→地理→中国地理→专类地理

目录:第 473 页　洛南文庙

《陕西名胜概览》

作者及著作方式:谢长峰编

出版时间:2007 年 1 月　页数:650 页

简介:该书介绍了陕西境内 1600 余处名胜古迹的地理方位、历史沿革、古况今貌、逸闻趣事等。

ISBN:7-80736-104-2

主题词:名胜古迹—简介—陕西省

分类:历史、地理→地理→中国地理→专类地理

目录:第 457 页　洛南文庙

《中国西安旅游》

作者及著作方式:潘利田主编

出版时间:2007 年 9 月　页数:183 页

简介:该书为解读古城西安，了解中国历史所作。书中较为详尽地介绍了古城西安著名的历史名胜古迹，并为读者推荐了西安游、食、住、行、购等佳地。

ISBN:978-7-80712-380-4

主题词:旅游指南—西安市

分类:历史、地理→地理→中国地理→专类地理

目录:第 173 页　洛南文庙

《中国佛道儒教楹联精选》

作者及著作方式:解维汉编选

出版时间:2008 年 9 月　页数:278 页

丛书名:龙魂楹联文化丛书

简介:该书收集中国佛、道、儒教楹联 2847 副,佛教按寺、庵分类,道教按观、宫、庵、庙(城隍庙、土地庙、财神庙、东岳庙、吕祖庙)分类,儒教按文庙、武庙分类。

ISBN:978-7-224-08391-0

主题词:对联—作品集—中国

分类:文学→中国文学→杂著

目录:第 236 页　洛南文庙

《儒学之旅:全国孔庙、书院、贡院、考棚完全手册》

作者及著作方式:杨刚编著

出版时间:2009 年 9 月　页数:182 页

简介:该书搜集了全国各地的孔庙、书院、科举考场等旅游景点,以自助旅游手册的方式来帮助中外游客更深入地了解中国儒学文化。该书还扼要地介绍了孔子与儒学,并通过儒学与古代科举制度之间的密切关系来了解儒学在我国发展的大致情况。

ISBN:978-7-5600-8423-7

主题词:旅游指南—中国

分类:历史、地理→地理→中国地理→专类地理

目录:第 160 页　洛南文庙(省保)

《中华文明简史》

作者及著作方式:王飞鸿、崔晟主编

出版时间:2010 年 10 月　页数:464 页

丛书名:学海扬帆

简介:该书集纳大量的历史文化细节,精选了大量图片和文字,是文、

史、哲知识汇编类图书，内容涉及文学、哲学、艺术、历史、政治等方面。

ISBN:978-7-5601-6415-1

主题词:文化史—中国

分类:历史、地理→中国史→通史→文化史

目录:第363页　洛南文庙

《商洛杂咏》

作者及著作方式:赵忠抗著

出版时间:2011年1月　页数:325页

丛书名:赵忠抗作品集

简介:该书收入了诗咏商洛、情系丹江、夏日秦岭、故里行、商洛美、途经商州、故园商山、龙潭瀑布、商州八景等作品。

ISBN:978-7-80141-803-6

主题词:诗集—中国—当代

分类:文学→中国文学→诗歌、韵文→当代作品(1949年～　)

目录:第69页　洛南文庙与仓颉

《中华文明千问》

作者及著作方式:王永鸿、周成华主编

出版时间:2012年6月　页数:295页

丛书名:慧海拾珠丛书

简介:本书力图通过简明的文字、精美的图片，通过民俗生活、国家地理、思想文化、宗教建筑、天文历法、体育博艺、饮食文化等各个方面，深入研究中华文明丰富内涵，将中华文明的博大精深全方位、立体地展现出来，使读者轻松获取知识的同时，还能得到更广泛的文化视野、审美感受、想象空间和愉快体验。

ISBN:978-7-5518-0069-3

主题词:文化史—中国—问题解答

分类:历史、地理→中国史→通史→文化史

目录:第235页　洛南文庙在哪里?

《陕西旅游系列丛书·游(二)》

作者及著作方式:董宪民主编

出版时间:2012 年 7 月　页数:187 页

丛书名:陕西旅游系列丛书

简介:该书以精练生动的文字、图文并茂的形式,全面展示了改革开放30 多年,特别是西部大开发以来能够彰显陕西旅游产业发展整体形象的旅游产品,多视角诠释了人文陕西、山水秦岭、佛都长安、红色延安等陕西旅游品牌形象。该书选材典型、典故丰富、知识准确、信息权威、可读性强,为境内外旅游者提供了一系列品味陕西旅游的生活指南和精神盛宴。

ISBN:978-7-5418-2642-9

主题词:旅游指南—陕西省

分类:历史、地理→地理→中国地理→专类地理

目录:第 144 页　洛南文庙

《陕西玩全攻略》

作者及著作方式:《陕西玩全攻略》编辑部编

出版时间:2012 年 7 月　页数:215 页

简介:《陕西玩全攻略》共分为西安全攻略、延安全攻略、华山全攻略、宝鸡全攻略、汉中全攻略以及陕西其他地方全攻略等,是关于陕西旅游的最佳随身书。

ISBN:978-7-5495-1340-6

主题词:旅游指南—陕西省

分类:历史、地理→地理→中国地理→专类地理

目录:第 205 页　16.洛南文庙

《陕西攻略》

作者及著作方式:《全球攻略》编写组编著

出版时间:2013 年 8 月　页数:241 页

丛书名:全球攻略

简介：该书按照陕西的热点区域划分章节，推荐了陕西经典旅游景点，重点选取经典景点、百年建筑、古迹旧址等进行了介绍。

ISBN：978-7-5032-4639-5

主题词：旅游指南—陕西省

分类：历史、地理→地理→中国地理→专类地理

目录：第 224 页　16.洛南文庙

《中国地理百科·秦岭》

作者及著作方式：李平日本册主编；许洁雯，杜宏争本册撰稿

出版时间：2014 年 11 月　页数：190 页

丛书名：中国地理百科

简介：该书分为五编，介绍了河湟谷地与地质、地貌、气候，生物、生态，生产力、生产方式和物产，人类活动历史，区域文化等相关的内容，具体内容包括秦岭山地中部、掌状岭谷、生物资源宝库、大槐树移民、南人移民商洛、镇安回族等。

ISBN：978-7-5100-8860-5

主题词：秦岭—概况

分类：历史、地理→地理→中国地理→普及读物

目录：第 177 页　洛南文庙

《陕西孔庙》

作者及著作方式：裴建平主编

出版时间：2016 年　页数：230 页

简介：该书从历史溯源、建筑遗存、祭器碑刻、文化传承等方面展示了陕西孔庙的渊源发展，较为完整地体现了地域孔庙文化一脉相承的传承历史。最后一部分《陕西孔庙调研报告》全面反映了陕西孔庙的历史与现状，分析了存在的问题，提出了建议。

ISBN：978-7-224-11954-1

主题词：孔庙—介绍—陕西

分类：历史、地理→地理→中国地理→专类地理

《陕西孔庙遗存及其文化价值研究》

作者及著作方式:王长坤著

出版时间:2017 年 11 月　页数:359 页

简介:该书搜集陕西地区各类方志、石刻资料,结合实地调查,对陕西孔庙遗存资料进行了系统归纳、整理和研究,通过对陕西各地孔庙遗存实例的分析,透视陕西传统社会政治、经济、文化发展的状况,探讨儒家和中国古代思想文化的发展和演变,归纳出陕西孔庙历史发展的特点及其文化价值。

ISBN:978-7-03-054998-3

主题词:孔庙—文物保护—研究—陕西

分类:历史、地理→地理→中国地理→专类地理

《陕西碑刻总目提要初编》第 4 册

作者及著作方式:吴敏霞主编;杨志飞分册主编

出版时间:2018 年 12 月　页数:252 页

简介:该书收录陕西境内历代碑、墓志、墓砖、摩崖石刻、造像题记、经幢、塔铭等多种类型的石刻资料;所收各类碑刻年代上自秦汉,下迄民国末年;所收碑刻的著录信息包括碑名、年代、形制、行字、撰书刻者、纹饰、出土地、现藏地、著录情况及提要等多方面内容。

ISBN:978-7-03-051374-8

主题词:碑刻—内容提要—陕西—古代

分类:历史、地理→文物考古→中国文物考古→古书契

咸阳文庙

《中国旅游大全》西北册

作者及著作方式：国家旅游局宣传司、中国旅游学院旅游科学研究所合编

出版时间：1990 年 5 月　页数：373 页

简介：该书除介绍了众多名胜古迹和驰名中外的陕西省的秦兵马俑之外，还介绍了新疆、甘肃、青海、宁夏等省区的名胜古迹和其他民族特色事物。

ISBN：7-5006-0523-4

主题词：旅游指南—西北地区

分类：历史、地理→地理→中国地理→专类地理

目录：第 56 页　咸阳博物馆

《咸阳碑石》

作者及著作方式：张鸿杰主编

出版时间：1990 年 12 月　页数：177 页

丛书名：陕西金石文献汇编

简介：该书收集了咸阳市区和郊区从西魏至民国十个朝代的碑、碣、造像石、经幢、塔记、墓志、牒等有文字的石刻五十九则(六十七品)。

ISBN：7-80546-284-4

主题词:碑刻(地点:咸阳市　学科:图集)

　　　碑文(地点:咸阳市　学科:选集)

分类:历史、地理→文物考古→中国文物考古→古书契

目录:第 136 页　四、五县学卧碑(图版 83)

　　第 137 页　四、六重修咸阳县学记(图版 84)

　　第 157 页　五、五重修文庙碑记(图版 94)

《三秦历史文化辞典》

作者及著作方式:袁明仁、李登弟、山岗等主编

出版时间:1992 年 10 月　页数:1032 页

简介:共收词目 4529 条,分为历史、文献、哲学、教育、宗教、文学、艺术等 20 个部分。

ISBN:7-5419-3161-6

主题词:文化史(地点:陕西　学科:词典)

分类:历史、地理→中国史→地方史志

目录:第 823 页　咸阳市博物馆

《中国孔庙》

作者及著作方式:高文、范小平编著

出版时间:1994 年 10 月　页数:153 页

简介:该书在查阅大量历史文献、实地考察各地孔庙的基础上,对中国孔庙进行了系统研究。这是迄今为止系统介绍中国孔庙的第一本书。该书图文并茂,史料翔实,为儒学研究和孔庙研究提供了新资料,为挖掘、整理、弘扬中华民族优秀文化遗产写下了新篇章。

ISBN:7-80575-659-7

主题词:孔庙—建筑史(地点:中国)

　　　建筑史—孔庙(地点:中国)

分类:工业技术→建筑科学→建筑理论→建筑史

目录:第 83 页　74.陕西咸阳文庙

《咸阳市秦都区志》

作者及著作方式:咸阳市秦都区地方志编纂委员会编

出版时间:1995 年 7 月　页数:865 页

丛书名:陕西地方志丛书

简介:该志全面反映了秦都区上自远古、下至 1990 年底的政治、经济、文化等各个方面的情况。全书百余万字,除序言、凡例、概述、大事记、附录和新大事记要外,分设政区建置志、自然地理志、土地志、人口志、城乡建设志、经济管理志、交通邮政志、农业志、水利志、蔬菜志、工业志、乡镇企业志、贸易志、财税金融志、政党群团志、政权志、民政人事志、军事志、教育志、科技志、文化志、卫生体育志、社会风俗志、人物志。

ISBN:7-224-03848-2

主题词:地方志(地点:咸阳)

分类:历史、地理→中国史→地方史志

目录:第 612 页　第一节　县学

《黄土高原的民俗与旅游》

作者及著作方式:王炽文、孙之龙编著

出版时间:1996 年 1 月　页数:217 页

丛书名:中国民俗旅游丛书

简介:该书以旅游业为线索,系统地介绍了陕西的地域文化特色和悠久的历史文化、名胜古迹、风俗民情等,具有鲜明的地域特色和丰富的知识,不仅可以作为旅游的良师益友,也可以作为民俗文化的阅读材料,对广大研究人员、民俗工作者和文化工作者具有重要的参考价值。

ISBN:7-5637-0652-6

主题词:风俗习惯—中国—陕西

旅游资源—中国—陕西

分类:历史、地理→风俗习惯→中国风俗习惯→各地方风俗习惯总志

目录:第 61 页　咸阳博物馆

《咸阳市渭城区志》

作者及著作方式:咸阳市渭城区地方志编纂委员会编

出版时间:1996年7月　页数:816页

丛书名:陕西地方志丛书

简介:历代记载渭城区地域史实的志书,现存有《咸阳县新志》《咸阳县志》《咸阳乡土志》《重修咸阳县志》等,该书《渭城区志》,运用新观点、新材料、新体例和新方法来反映渭城全貌,做到了思想性、资料性、整体性和科学性相统一。

ISBN:7-224-03972-X

主题词:地方志(地点:陕西省　地点:咸阳市　地点:渭城区)

分类:历史、地理→中国史→地方史志

《中国旅游指南》

作者及著作方式:杜飞豹编著

出版时间:1996年8月　页数:1183页

丛书名:实用旅游丛书

简介:该书主要分为四大部分。第一部分是中国概况,主要介绍中国国土资源、人口与民族、宗教信仰、中国简史、新中国大事记、今日中国等。第二部分是中国旅游文化知识,主要内容有佛教知识、建筑小品、文房四宝、汉字和书画、中国工艺品等。第三部分是中国旅游路线。第四部分是全国各个省、市、自治区主要旅游名胜经典介绍。

ISBN:7-5032-1288-8

主题词:名胜古迹—中国—指南

分类:历史、地理→地理→中国地理→专类地理

《陕西名胜楹联》

作者及著作方式:林随喜编

出版时间:1997 年 12 月　页数:375 页

简介:陕西历史悠久,名胜古迹繁多,名胜楹联也非常丰富。作者搜集陕西 9 个地、市及其分辖的市县以及各市县所辖景点的楹联,不分古今先后,以字数由少到多予以排列,汇编成此书。

ISBN:7-80594-410-5

主题词:对联(地点:中国　学科:汇编)

分类:文学→中国文学→杂著→当代作品(1949 年～　)

目录:第 157 页　咸阳市博物馆

《咸阳市教育志》

作者及著作方式:咸阳市教育志编纂委员会编

出版时间:1997 年 7 月　页数:442 页

丛书名:陕西地方志丛书

简介:该书着眼于教育、资治、存史,较为客观地记述了咸阳教育的起步、兴衰和发展壮大的过程,力求突出地方特色和时代特色。记述范围以 1990 年行政区划为准,资料下限为 1990 年底。该书分为志、传、记、录、图、表诸体,除人物传、文献辑录和大事记外,余均类为一志,横排竖写。图片集中列于文前,各表分置于相关章节。

ISBN:7-80628-078-2

主题词:教育史(地点:咸阳市)

分类:文化、科学、教育、体育→教育→中国教育事业→地方教育

目录:第 5 页　一、州、县学概况

《中国传统艺术 · 建筑装饰》

作者及著作方式:吕品晶编著

出版时间:2000 年 1 月　页数:208 页

丛书名:中国传统艺术

简介:该书收集历代建筑装饰图500多幅,包括殿宇、寺庙、亭塔、桥梁以及屋顶、飞檐、藻井、天花、墙壁、门窗、梁柱、台基、栏杆、砖石等各类建筑构件的装饰与纹样,每幅图均附出处、年代,对研究中国古建筑,从事建筑设计、工艺美术设计等专业人员都有相当的参考价值。

ISBN:7-5019-2731-6

主题词:民族风格—艺术—图案—中国—图集

分类:工业技术→建筑科学→建筑艺术→建筑艺术图集

目录:第11页　陕西咸阳文庙

《中国历史文化名城词典(三编)》

作者及著作方式:国家文物局编

出版时间:2000年10月　页数:767页

简介:该书介绍了正定、邯郸、代县、祁县、吉林、青岛、哈尔滨、聊城等名城的文物古迹、风景园林、传统文化、文物特产和城市建设等实物史料。

ISBN:7-5326-0441-1

主题词:城市—概况—中国—词典

分类:历史、地理→地理→中国地理→专类地理

目录:第661页　咸阳文庙

　　第679页　咸阳博物馆

《500景点游遍陕西》

作者及著作方式:惠焕章等编著

出版时间:2001年8月　页数:364页

简介:该书介绍陕西省544处重要的旅游景点,其中包括最著名的历史古迹和新建的旅游名胜,如西安城墙、半坡遗址、秦始皇陵等。

ISBN:7-5418-1787-2

主题词:名胜古迹—简介—陕西省

分类:历史、地理→地理→中国地理→专类地理

目录:第128页　咸阳市博物馆

《中国旅行宝典·陕西》

作者及著作方式:燕民主编

出版时间:2001 年 9 月　页数:160 页

简介:该书内容包括认识陕西、玩在西安、王顺山风景区、周原博物馆、乾陵地宫、柞水溶洞、中国第一口油井等。

ISBN:7-80158-057-5

主题词:旅游指南—中国

　　　旅游指南—陕西省

分类:历史、地理→地理→中国地理→专类地理

目录:第 74 页　咸阳博物馆

《冰点自助游丛书·陕西》

作者及著作方式:金旅雅途编著

出版时间:2003 年 1 月　页数:154 页

丛书名:冰点自助游丛书

简介:该书按照地区划分景区,主要向读者介绍了古城西安、咸阳、宝鸡、安康、商洛、渭南及华山、铜川等 10 处景区。

ISBN:7-113-04943-5

主题词:旅游指南—陕西省

分类:历史、地理→地理→中国地理→专类地理

目录:第 26 页　咸阳博物馆

《游遍中国》陕西卷

作者及著作方式:李麟主编

出版时间:2003 年 10 月　页数:373 页

简介:该书是陕西省的旅游指南,对西安、咸阳、延安等地的阿房宫遗址、秦始皇陵、杨贵妃墓等景点及具有特殊意义的景观与名胜进行了介绍。

ISBN:7-225-02435-3

主题词:旅游指南—中国

旅游指南—陕西省

分类:历史、地理→地理→中国地理→专类地理

目录:第 143 页　咸阳博物馆

《中国孔庙保护协会论文集》

作者及著作方式:中国孔庙保护协会编;张敏杰主编

出版时间:2004 年 9 月　页数:339 页

简介:该书分为孔庙的历史沿革、孔庙的保护与利用、孔庙的建筑特色、孔庙与儒学传播四部分,编收相关论文 40 余篇。

ISBN:7-5402-1630-1

主题词:孔庙(学科:文物保护)孔庙　文物保护

分类:历史、地理→地理→中国地理→专类地理

目录:第 73 页　咸阳文庙与咸阳博物馆　陈桂枝、史兴芒

《黄土高原的民俗与旅游》(上)

作者及著作方式:海燕等编著

出版时间:2004 年 10 月　页数:136 页

简介:该书是一本民俗与旅游手册,主要介绍了陕西著名的历史文化景点、陕西美食和民俗。

ISBN:7-80595-983-8

主题词:名胜古迹—陕西省

分类:历史、地理→风俗习惯→中国风俗习惯→各地方风俗习惯总志

目录:第 80 页　咸阳市博物馆

《陕西文物古迹大观(三)》

作者及著作方式:陕西省文物局编

出版时间:2006 年 10 月　页数:590 页

简介:该书是 1998 年和 2003 年陕西省文物局编写出版的第一、二册《陕西省文物古迹大观》的续编,对陕西省人民政府公布的第一批至第四批省级文物保护单位运用最新资料作了科学而又比较详细的概述,并配有大量照

片和插图。

ISBN:7-80736-121-2

主题词:名胜古迹—简介—陕西省

分类:历史、地理→地理→中国地理→专类地理

目录:第 268 页　咸阳文庙

《陕西名胜概览》

作者及著作方式:谢长峰编

出版时间:2007 年 1 月　页数:650 页

简介:该书介绍了陕西境内 1600 余处名胜古迹的地理方位、历史沿革、古况今貌、逸闻趣事等。

ISBN:7-80736-104-2

主题词:名胜古迹—简介—陕西省

分类:历史、地理→地理→中国地理→专类地理

目录:第 177 页　咸阳博物馆

《陕西》

作者及著作方式:《走遍中国》编辑部编著

出版时间:2007 年 1 月　页数:200 页

丛书名:走遍中国

简介:在中国的文化地理版图上,陕西的一山一水意义重大,横贯陕西中部的秦岭将中华大地一分为二,创造了南北迥异的地理风貌和文化;黄河最大支流、奔流在关中平原上的渭河被誉为"中国文化的中轴线",孕育了周、秦、汉、唐——中国最灿烂的古代文化。

ISBN:978-7-5032-3002-8

主题词:旅游指南—陕西省

分类:历史、地理→地理→中国地理→专类地理

目录:第 118 页　咸阳博物馆(咸阳文庙)

《中国西安旅游》

作者及著作方式:潘利田主编

出版时间:2007 年 9 月　页数:183 页

简介:该书为解读古城西安,了解中国历史所作。书中较为详尽地介绍了古城西安著名的历史名胜古迹,并为读者推荐了西安游、食、住、行、购等佳地。

ISBN:978-7-80712-380-4

主题词:旅游指南—西安市

分类:历史、地理→地理→中国地理→专类地理

目录:第 74 页　咸阳博物馆

《咸阳文物古迹大观》

作者及著作方式:樊延平主编

出版时间:2007 年 12 月　页数:301 页

简介:该书从古遗址、古墓葬、石刻等不可移动文物和馆藏文物的角度,详尽地介绍了咸阳市国保单位,省保单位和县保单位的文物,对文物保护和宣传起到了一定的作用。

ISBN:978-7-80736-301-9

主题词:历史文物—简介—咸阳市

名胜古迹—简介—咸阳市

分类:历史、地理→地理→中国地理→专类地理

目录:第 213 页　咸阳文庙

《咸阳市文物志》

作者及著作方式:咸阳市文物事业管理局编

出版时间:2008 年 12 月　页数:590 页

简介:该书共分 20 章,主要介绍了咸阳市的文物、近代史遗迹、行政管理机构和文博单位、文物保护工作、文物调查、发掘与研究、陈列展览等。

ISBN:978-7-80736-481-8

主题词:文物—概况—咸阳市

分类:历史、地理→文物考古→中国文物考古→地区文物考古

目录:第 217 页　重修咸阳县学记

《中国文化遗产词典》

作者及著作方式:丘富科编著

出版时间:2009 年 6 月　页数:577 页

简介:这是一部展示中国文化遗产概貌的工具书。该书入选词条约 3600 条。收录全国重点文物保护单位全 6 批 2351 处(含 2002—2003 年增补单位 3 处)和合并单位 141 处。其中,古遗址、古墓葬、古建筑、近现代重要史迹及代表性建筑、石窟石刻及其他重要文物单位,是本词典内容的主要组成部分。

ISBN:978-7-5010-2421-6

主题词:文化遗产—中国—词典

分类:历史、地理→中国史→通史→文化史

目录:第 340 页　咸阳文庙

《儒学之旅:全国孔庙、书院、贡院、考棚完全手册》

作者及著作方式:杨刚编著

出版时间:2009 年 9 月　页数:182 页

简介:该书搜集了全国各地的孔庙、书院、科举考场等旅游景点,以自助旅游手册的方式来帮助中外游客更深入地了解中国儒学文化。该书还扼要地介绍了孔子与儒学,并通过儒学与古代科举制度之间的密切关系来了解儒学在我国发展的大致情况。

ISBN:978-7-5600-8423-7

主题词:旅游指南—中国

分类:历史、地理→地理→中国地理→专类地理

目录:第 155 页　咸阳文庙

《中国自助游》

作者及著作方式:《中国自助游》编委会编
出版时间:2009 年 10 月　页数:735 页
丛书名:悠生活·旅游大玩家
简介:该书系统介绍了中国各省、自治区、直辖市的主要旅游景点 3025 个,还提供了与旅游地相关的饮食、交通、住宿、购物、娱乐等资讯。该书辅以人性化图片、示意图等,为大众旅游提供便捷查询。
ISBN:978-7-5019-7091-9
主题词:旅游指南—中国
分类:历史、地理→地理→中国地理→专类地理
目录:第 259 页　咸阳博物馆

《咸阳经典旧志稽注》

作者及著作方式:《咸阳经典旧志稽注》编纂委员会编
出版时间:2010 年 12 月　页数:450 页
简介:《咸阳经典旧志稽注》对咸阳经典方志进行了系统整理与校勘释义,不仅为抢救、保护境内珍贵的历史文献,而且也为我们了解过去、鉴古明今架起了桥梁。以史为鉴,可以知兴替、明得失。该书的出版具有独特的学术研究价值和重要的应用开发价值。
ISBN:978-7-80736-906-6
主题词:县—地方志—咸阳市—古代
分类:历史、地理→中国史→地方史志
目录:第 26 页　文庙

《秦宫汉阙　帝陵之乡:咸阳博物馆漫步》

作者及著作方式:陕西省文物局编
出版时间:2013 年 5 月　页数:187 页
丛书名:陕西博物馆丛书
简介:咸阳博物馆珍藏着一部物化的咸阳地域文明发展史,每一处遗

址、每一座古建筑以及汉唐帝王陵墓，无不见证着中国历史的风风雨雨，处处红色纪念地向我们清晰地昭示着革命先烈在中国共产党的领导下浴血奋斗的光辉历程。该书的出版，不但是为了宣传推介咸阳博物馆，为市民更好地参观游览提供“精神食粮”，更是为了发挥博物馆爱国主义教育基地的作用。

ISBN：978-7-5418-2888-1

主题词：博物馆—介绍—咸阳市

分类：文化、科学、教育、体育→信息与知识传播→博物馆学、博物馆事业→世界各国博物馆事业

目录：第 1 页　大秦帝都文庙聚珍——咸阳博物馆

《陕西古塔》

作者及著作方式：马建岗编著

出版时间：2014 年 9 月　页数：454 页

简介：陕西现存各种类型古塔 309 座，以关中分布最多，陕南、陕北次之。数量上看，在全国范围内少有能与之比肩的。作者对陕西现存古塔进行了多年的实地考察，完成了陕西境内所有古塔的拍摄工作。该书从不同角度展现了各个时期古塔的优美造型与特征，为读者提供了一个由佛教文化、建筑艺术与现代摄影组成的精美画卷。

ISBN：978-7-5518-0309-0

主题词：古塔—介绍—陕西省

分类：历史、地理→地理→中国地理→专类地理

目录：第 92 页　文庙铁塔两座

《陕西古建筑》

作者及著作方式：王军、李钰、靳亦冰编

出版时间：2015 年 12 月　页数：328 页

丛书名：中国古建筑丛书

简介：该书系统论述陕西古代建筑的发展、各类建筑的分布及特点，不仅展示了中国古建筑的建造知识，还全面介绍了中国古代建筑的历史、文化

和人文特征，充分体现了中国古代建筑的卓越成就。

ISBN:978-7-112-18828-4

主题词:古建筑—介绍—陕西省

分类:历史、地理→地理→中国地理→专类地理

目录:第198页　三、咸阳文庙

《中国地理百科·关中平原》

作者及著作方式:李平日本册主编;余承君,曾杜敏本册撰

出版时间:2016年4月　页数:210页

简介:该书分为四编,介绍了地质、地貌、气候,生物、生态,生产力、生产方式和物产,人类活动历史,区域文化等相关的内容。包括关中断陷盆地、渭河河漫滩、太白山自然保护区、红河谷森林公园、粟稻混作农业、大荔人、周人、摩天院回族聚居区、关中十大怪等。

ISBN:978-7-5100-8871-1

主题词:渭河平原—概况

分类:天文学、地球科学→自然地理学→区域自然地理学→中国自然地理

目录:第187页　咸阳文庙

《陕西孔庙》

作者及著作方式:裴建平主编

出版时间:2016年　页数:230页

简介:该书从历史溯源、建筑遗存、祭器碑刻、文化传承等方面展示了陕西孔庙的渊源发展,较为完整地体现了地域孔庙文化一脉相承的传承历史。最后一部分《陕西孔庙调研报告》全面反映了陕西孔庙的历史与现状,分析了存在的问题,提出了建议。

ISBN:978-7-224-11954-1

主题词:孔庙—介绍—陕西

分类:历史、地理→地理→中国地理→专类地理

目录:第33页　咸阳孔庙

《陕西孔庙遗存及其文化价值研究》

作者及著作方式:王长坤著

出版时间:2017 年 11 月　页数:359 页

简介:该书搜集陕西地区各类方志、石刻资料,结合实地调查,对陕西孔庙遗存资料进行了系统归纳、整理和研究,通过对陕西各地孔庙遗存实例的分析,透视陕西传统社会政治、经济、文化发展的状况,探讨儒家和中国古代思想文化的发展和演变,归纳出陕西孔庙历史发展的特点及其文化价值。

ISBN:978-7-03-054998-3

主题词:孔庙—文物保护—研究—陕西

分类:历史、地理→地理→中国地理→专类地理

目录:第 112 页　第一节　咸阳孔庙

《西北文化资源大典》

作者及著作方式:彭岚嘉主编

出版时间:2018 年 12 月　页数:1361 页

简介:该书是兰州大学中央高校基本科研业务费专项资金重大培育招标项目"西北地区文化资源调查、整合与开发"的阶段性成果,以条目的方式对西北地区五省区的文化资源进行系统的归纳和梳理,旨在全面把握和准确认识西北地区文化资源的特点、价值及其在复兴民族文化中的地位和作用。

ISBN:978-7-105-15568-2

主题词:地方文化—文化产业—研究—西北地区

分类:文化、科学、教育、体育→世界各国文化与文化事业→中国→地方文化与文化事业

目录:第 120 页　咸阳文庙

《陕西碑刻总目提要初编》第 3 册

作者及著作方式:吴敏霞主编;范志鹏、高叶青分册主编

出版时间:2018 年 12 月　页数:326 页

简介：该书收录陕西境内历代碑、墓志、墓砖、摩崖石刻、造像题记、经幢、塔铭等多种类型的石刻资料；所收各类碑刻年代上自秦汉，下迄民国末年；所收碑刻的著录信息包括碑名、年代、形制、行字、撰书刻者、纹饰、出土地、现藏地、著录情况及提要等多方面内容。

ISBN：978-7-03-051374-8

主题词：碑刻—内容提要—陕西—古代

分类：历史、地理→文物考古→中国文物考古→古书契

目录：第 44 页　重修咸阳明伦堂记

韩城文庙

《古都西安》

作者及著作方式:王崇人编

出版时间:1981 年 7 月　页数:332 页

简介:该书是一本将史料、文物古迹和美术遗产三方面结合的知识性、学术性的读物,除写入有据的史料外,还采用了一部分民间传说、轶事等,增加了本书的趣味性。

统一书号:8199・222

主题词:导游—西安

分类:艺术→摄影艺术→中国摄影艺术作品

目录:第 156 页　韩城文庙

　　第 157 页　寺庙图 18 韩城文庙图

《中国名胜词典》陕西分册

作者及著作方式:国家文物事业管理局主编

出版时间:1984 年 12 月　页数:45 页

简介:该书收录了陕西省重要的文物保护单位、革命纪念地、有名的风景区、游览点以及文化遗址等,词目完整,内容简明扼要,对于流传较广的神话和民间传说、诗词描述或典故由来,也酌予介绍。

统一书号:12187・1

主题词:名胜古迹(地点:中国　学科:词典)
　　　名胜古迹(地点:陕西　学科:词典)
分类:历史、地理→中国史
目录:第 33 页　韩城文庙

《陕西名胜词典》

作者及著作方式:孙向东编
出版时间:1985 年 5 月　页数:286 页
简介:该书选收陕西省风景名胜,包括本省的全国重点文物保护单位、风景胜地、名山佳湖、岩洞园林、宫殿寺庙、亭台楼阁、古墓遗址、碑碣石刻、革命旧址、古代建筑等,还辅以有关的人物简介、历史典故、名人诗词和神话故事等。
统一书号:17094・26
主题词:名胜古迹(地点:陕西　学科:词典)
　　　陕西(学科:名胜古迹)
分类:历史、地理→地理→中国地理→专类地理
目录:第 216 页　韩城文庙

《陕西名胜古迹》

作者及著作方式:陕西省文物管理委员会编
出版时间:1986 年 12 月　页数:505 页
丛书名:陕西历史文物丛书
简介:该书将陕西各县的名胜古迹进行了系统归类、整理,以文字介绍为主,并辅以照片。由于历史原因,许多名胜古迹遭受了不同程度的破坏,经过多次调查研究,该书在初稿的基础上增补了各县的历史沿革,书中所搜集的名胜古迹单位,只提供现存的、可供参观的遗迹和遗物。有名无实的,暂无收录。
统一书号:11094・174
主题词:名胜古迹(地点:陕西)
分类:历史、地理→地理→中国地理→专类地理

《青年旅游手册》

作者及著作方式:郑平、刘道远、姚蓉儿、惠萩省、谷玥编

出版时间:1989 年 9 月　页数:876 页

简介:该书介绍了旅游常识,并以省、市、自治区为单位,分别介绍了全国各地的主要风景区和名胜古迹。

ISBN:7-5006-0268-5

主题词:名胜古迹(地点:中国)

旅游(地点:中国　学科:手册)

分类:历史、地理→地理→中国地理→专类地理

《润金书斋词稿》

作者及著作方式:月人著

出版时间:1989 年 9 月　页数:125 页

简介:作者从 1980 年至 1988 年间创作的六百余首词作中精选二百首编纂成集,分为感兴、遣怀、旅游、闺情、梦思、读书、赠贺八卷。

ISBN:7-224-00986-5

主题词:词(文学)—中国—现代—选集

分类:文学→中国文学→诗歌、韵文→当代作品(1949 年～　)

《三秦历史文化辞典》

作者及著作方式:袁明仁、李登弟、山岗等主编

出版时间:1992 年 10 月　页数:1032 页

简介:该书收词目 4529 条,分为历史、文献、哲学、教育、宗教、文学、艺术等 20 个部分。

ISBN:7-5419-3161-6

主题词:文化史(地点:陕西　学科:词典)

分类:历史、地理→中国史→地方史志

目录:第 923 页　韩城文庙

《中国龙文化景观》

作者及著作方式:潘一焕、杨建原、潘晓宇编著

出版时间:1993 年 12 月　页数:406 页

简介:该书融实用性、知识性和趣味性于一体,介绍了遍布中国大地的 900 处龙名旅游景点和景观。

ISBN:7-5032-0963-1

主题词:名胜古迹(地点:中国)

分类:历史、地理→地理→中国地理→专类地理

目录:第 383 页　韩城文庙"五龙壁"

《可爱的陕西》

作者及著作方式:刘万兴、李润乾编著

出版时间:1994 年 3 月　页数:1045 页

简介:该书全面系统地介绍了陕西的自然风貌、悠久历史、经济振兴、教育奠基、科技兴陕、文体发展、文物名胜、名土特产、民俗风情以及陕西之最等情况,全景式展现了三秦大地的生动画面。该书内容丰富,资料翔实,有较高的保存价值。

ISBN:7-80546-744-7

主题词:陕西—地方史

分类:历史、地理→中国史→地方史志

目录:第 791 页　五十七、韩城文庙

《黄帝陵与龙文化　摄影集》

作者及著作方式:李西兴主编

出版时间:1994 年 3 月　页数:136 页

简介:该书收录陕西地区上至新石器时期下迄近代有关"龙"的文物 100 多件,还收录典型古迹名胜景色照、历史照和名人题词手迹等。

ISBN:7-5325-1793-4

主题词:黄帝—陵墓(学科:研究)

图腾—出土文物(地点:陕西　学科:图录)

分类:历史、地理→文物考古→中国文物考古→遗址

目录:第 94 页　143.韩城市文庙六龙照壁(明)

《中国孔庙》

作者及著作方式:高文、范小平编著

出版时间:1994 年 10 月　页数:153 页

简介:该书在查阅大量历史文献、实地考察各地孔庙的基础上,对中国孔庙进行了系统研究。这是迄今为止系统介绍中国孔庙的第一本书。该书图文并茂,史料翔实,为儒学研究和孔庙研究提供了新资料,为挖掘、整理、弘扬中华民族优秀文化遗产写下了新篇章。

ISBN:7-80575-659-7

主题词:孔庙—建筑史(地点:中国)

建筑史—孔庙(地点:中国)

分类:工业技术→建筑科学→建筑理论→建筑史

目录:第 132 页　72.陕西韩城文庙棂星门

第 133 页　73.陕西韩城文庙大成殿

《中国丝绸之路辞典》

作者及著作方式:雪犁主编

出版时间:1994 年 10 月　页数:1194 页

简介:该辞典收录了与丝绸之路的历史、地理、民族、人物、文化、风俗相关词语,共 4000 条,有条目分类和首字音序两种索引。

ISBN:7-228-03038-9

主题词:丝绸之路(学科:词典)

分类:历史、地理→中国史→通史→文化史

目录:第 85 页　韩城文庙

《韩城矿务局志》

作者及著作方式:《韩城矿务局志》编纂委员会编

出版时间:1995 年　页数:608 页

简介:韩城矿区历史久远,早在秦汉时期已有了煤炭开采活动。该志以矿区生产、建设等为记述对象,全面记述了自明清时期至 1990 年,矿区环境、井田地质、矿区建设、煤炭生产、经营管理、辅助经营、企业行政、党群组织、科技教育、文化体育、后勤保障、人物、单位简介等情况。

ISBN:7-5020-1204-4

主题词:煤矿—工业史—韩城矿务局

分类:经济→工业经济→中国工业经济→工业部门经济

目录:第 603 页　4.附录文庙

《黄土高原的民俗与旅游》

作者及著作方式:王炽文、孙之龙编著

出版时间:1996 年 1 月　页数:217 页

丛书名:中国民俗·旅游丛书

简介:该书以旅游业为线索,系统地介绍了陕西的地域文化特色和悠久的历史文化、名胜古迹、风俗民情等,具有鲜明的地域特色和丰富的知识,不仅可以作为旅游的良师益友,也可以作为民俗文化的阅读材料。该书对广大研究人员、民俗工作者和文化工作者具有重要的参考价值。

ISBN:7-5637-0652-6

主题词:风俗习惯(地点:陕西)

导游(地点:陕西)

分类:历史、地理→风俗习惯→中国风俗习惯→各地方风俗习惯总志

目录:第 89 页　韩城文庙

《中国旅游指南》

作者及著作方式:杜飞豹编著

出版时间:1996 年 8 月　页数:1183 页

丛书名:实用旅游丛书

简介:该书主要分为四大部分。第一部分是中国概况,主要介绍中国国土资源、人口与民族、宗教信仰、中国简史、新中国大事记、今日中国等。第二部分是中国旅游文化知识,主要内容有佛教知识、建筑小品、文房四宝、汉字和书画、中国工艺品等。第三部分是中国旅游路线。第四部分是全国各个省、市、自治区主要旅游名胜经典介绍。

ISBN:7-5032-1288-8

主题词:导游(地点:中国)

分类:历史、地理→地理→中国地理→专类地理

目录:第 1001 页　文庙(韩城)

《中国历史文化名城词典(续编)》

作者及著作方式:彭卿云主编;丁希红等编写

出版时间:1997 年 12 月　页数:1076 页

简介:该书是上海辞书出版社出版的《中国历史文化名城词典》续编,收录了天津、沈阳、上海、武汉、重庆等 38 个历史文化名城,全面展现了各历史文化名城的史地概况、古迹园林、风物特产、城市建设,全面反映了历史文化名城的风貌。

ISBN:7-5326-0407-1

主题词:城市(地点:中国　学科:词典)

　　　　名胜古迹(地点:中国　学科:词典)

分类:历史、地理→中国史

目录:第 926 页　韩城文庙

《陕西古代景园建筑》

作者及著作方式:佟裕哲编著

出版时间:1998 年 10 月　页数:154 页

丛书名:中国西部景园建筑与旅游丛书

简介:该书结合 20 世纪 90 年代"中国西部园林建筑"的研究课题,在国家自然科学基金的资助下,对陕西各地区进行了深入研究,并结合课题收集

了大量资料。调查发现，关中地区汉唐以来风景园林实例类型丰富，理论体系完整，且传统文脉具有连续性。该书的出版不仅利于当代人，也便于后人学习和研究，从而推动中国传统园林的理论体系的完善。

ISBN：7-5369-2934-X

主题词：名胜古迹（学科：简介　地点：陕西）

古典园林（学科：简介　地点：陕西）

分类：历史、地理→地理→中国地理→专类地理

目录：第 99 页　9.3 韩城文庙园林

《中国文物地图集》陕西分册（上）

作者及著作方式：国家文物局主编

出版时间：1998 年 12 月　页数：660 页

简介：该书运用地图形式，对陕西境内文物调查所获大量资料进行科学概括，综合反映陕西文物工作中已有的学术成果和新的重大发现，全面记录陕西境内已知现存的不可移动文物状况，以充分发挥它们的作用。

ISBN：7-80545-656-9

主题词：文物—地图集—中国

文物—地图集—陕西

分类：历史、地理→文物考古→中国文物考古→表解、图解、图册、谱录、数据、公式、地图

目录：第 474 页　韩城文庙

《中国差旅交通手册》

作者及著作方式：王晓国编著

出版时间：1999 年 1 月　页数：433 页

简介：该手册是一部旅游出差指导书，主要由中国交通、差旅交通省区分述、附录部分构成。附录部分主要介绍我国历史文化名城、风景名胜区、文物保护单位、自然保护区等。该手册博各家之长，内容丰富全面，图文并茂，通俗实用。

ISBN：7-80545-059-5

主题词:旅游图—中国

交通图—中国

导游—中国

分类:历史、地理→地理→地图→中国

目录:第356页　韩城文庙

《陕西黄河小北干流志》

作者及著作方式:陕西黄河小北干流志编纂委员会编

出版时间:1999年10月　页数:313页

简介:该书是黄河小北干流的第一部志书,是地方志与江河志相结合但重点突出黄河小北干流面貌与治理工程特色的志书。该书较详细地反映了陕西黄河小北干流的河情,具体翔实地记载了这一河段的治理及历史演变,并初步总结了治理经验与教训,全面记述了陕西黄河小北干流地域的自然环境、社会经济、自然灾害、河流冲淤变化、河道治理及文物古迹等,充分体现了陕西黄河小北干流的特色。该书的出版,对进一步认识、研究和推动小北干流治理工作具有重要作用。

ISBN:7-80621-296-5

主题词:黄河—水利史—陕西

分类:工业技术→水利工程→治河工程与防洪工程→世界各国河流治理

目录:第220页　三、韩城文庙

《中国旅游自助手册》

作者及著作方式:罗遂遂编著

出版时间:2000年7月　页数:473页

简介:该书分为西南地区、中南地区、华东地区、华北地区、西北地区、东北地区,分别介绍了各省市的概况、主要景点、旅游指南等。

ISBN:7-80594-676-0

主题词:旅游指南—中国

分类:历史、地理→地理→中国地理→专类地理

目录:第 386 页　韩城文庙

《中国古建筑文献指南(1900～1990 年)》

作者及著作方式:陈春生、张文辉、徐荣编著

出版时间:2000 年 10 月　页数:587 页

简介:该书是一部专题性文献目录,收录了 1900 年至 1990 年间国内公开发表的、内部交流的(重点选择)有关中国古建筑方面的专著、论文、资料、图、表、简报及其他专著中有关中国古建筑的重要篇章材料等。

ISBN:7-03-008631-7

主题词:古建筑—文献—中国—1900～1990—索引

分类:综合性图书→图书目录、文摘、索引→专科目录

目录:第 139 页　陕西韩城文庙

《陕西古代园林》

作者及著作方式:赵琴华、秦建明著

出版时间:2001 年 6 月　页数:116 页

丛书名:陕西文史研究丛书

简介:中国古代著名的园林阿房宫、上林苑、华清池等都坐落于陕西。该书主要介绍了陕西古代主要园林,希望能引起读者对陕西古园林的兴趣。

ISBN:7-80628-490-7

主题词:文物—考古—陕西省—文集

分类:历史、地理→中国史→地方史志

目录:第 91 页　韩城文庙

《中国景园建筑图解》

作者及著作方式:佟裕哲编著

出版时间:2001 年 7 月　页数:243 页

简介:该书阐述了中国景园建筑文脉、特征等有关问题,内容涉及中国景园建筑文化与东方文明、中国自然景观特征、中国古代都邑、圣人与帝王、文人园林以及庭院与养生理论等。

ISBN:7-112-04365-4

主题词:园林建筑—中国—图解

分类:工业技术→建筑科学→区域规划、城乡规划→园林规划与建设

目录:第147页　韩城文庙鸟瞰图

《500景点游遍陕西》

作者及著作方式:惠焕章等编著

出版时间:2001年6月　页数:364页

简介:该书介绍陕西省544处重要的旅游景点,其中包括最著名的历史古迹和新建起来的旅游名胜,如西安城墙、半坡遗址、秦始皇陵等。

ISBN:7-5418-1787-2

主题词:名胜古迹—简介—陕西省

分类:历史、地理→地理→中国地理→专类地理

目录:第217页　韩城文庙

《中国旅行宝典·陕西》

作者及著作方式:燕民主编

出版时间:2001年9月　页数:160页

简介:该书内容包括认识陕西、玩在西安、王顺山风景区、周原博物馆、乾陵地宫、柞水溶洞、中国第一口油井等。

ISBN:7-80158-057-5

主题词:旅游指南—中国—旅游指南—陕西省

分类:历史、地理→地理→中国地理→专类地理

目录:第94页　韩城文庙

《旅游黄金线自助游手册·陕西》

作者及著作方式:《藏羚羊自助旅行手册》编写组供稿

出版时间:2002年9月　页数:80页

丛书名:旅游黄金线自助游手册

简介:该书介绍陕西省的旅游(自助游)的黄金路线,文字分为资讯和景

点介绍两部分，并有地图和图片说明。

ISBN：7-5019-3758-3

主题词：旅游指南—陕西省

分类：历史、地理→地理→中国地理→专类地理

目录：第 40 页　韩城文庙

《冰点自助游丛书·陕西》

作者及著作方式：金旅雅途编著

出版时间：2003 年 1 月　页数：154 页

丛书名：冰点自助游丛书

简介：该书按照地区划分景区，主要向读者介绍了古城西安、咸阳、宝鸡、安康、商洛、渭南及华山、铜川等 10 处景区。

ISBN：7-113-04943-5

主题词：旅游指南—陕西省

分类：历史、地理→地理→中国地理→专类地理

目录：第 101 页　文庙

《自游西安》

作者及著作方式：陈红宇编著

出版时间：2003 年 3 月　页数：104 页

丛书名：自由自在旅游系列丛书

简介：该书对西安的概况，西安中心景区，西安名胜古迹以及周边风景区均进行了介绍，并给出了各个景点的交通路线与门票价格等内容。

ISBN：7-80552-453-X

主题词：旅游指南—西安市

分类：历史、地理→地理→中国地理→专类地理

目录：第 68 页　韩城文庙

《陕西文物古迹大观：全国重点文物保护单位巡礼之二》

作者及著作方式：陕西省文物局编

出版时间:2003 年 10 月　页数:232 页

简介:该书以图文并茂的画册形式,以多年来陕西文物保护、考古调查、发掘和研究的大量成果为依据,对第五批陕西境内 34 处全国重点文物保护单位进行了介绍。

ISBN:7-80628-691-8

主题词:名胜古迹—简介—陕西省

历史文物—简介—陕西省

分类:历史、地理→地理→中国地理→专类地理

目录:第 182 页　韩城文庙

《游遍中国》陕西卷

作者及著作方式:李麟主编

出版时间:2003 年 10 月　页数:373 页

简介:该书是陕西省的旅游指南,对西安、咸阳、延安等地的阿房宫遗址、秦始皇陵、杨贵妃墓等景点以及具有特殊意义的景观与名胜进行了介绍。

ISBN:7-225-02435-3

主题词:旅游指南—山东省—中国

分类:历史、地理→地理→中国地理→专类地理

目录:第 291 页　韩城文庙

《陕西行知书》

作者及著作方式:豆豆著

出版时间:2004 年 1 月　页数:227 页

丛书名:酷驴丛书

简介:该书是图文并具的陕西省旅游指南,结合多幅线路、示意图,以西安为起点,"北上陕北,东往渭南,西到宝鸡、南下汉中",提供了八百里秦川的游览路线。

ISBN:7-80653-448-2

主题词:旅游指南—陕西省

分类:历史、地理→地理→中国地理→专类地理

目录:第124页　韩城文庙

《中国古建筑文化之旅·陕西》

作者及著作方式:刘临安著

出版时间:2004年6月　页数:141页

简介:该书介绍了陕西省的古代建筑,内容涉及其地理位置、自然环境、始建年代、建筑材料、结构方式、建筑风格、艺术特色及相关历史故事等。

ISBN:7-80198-006-9

主题词:古建筑—简介—陕西省

分类:工业技术→建筑科学

目录:第56页　文风兴盛的祈祷——韩城文庙

《黄土高原的民俗与旅游》(上)

作者及著作方式:海燕等编著

出版时间:2004年10月　页数:136页

简介:该书是一本民俗与旅游手册,主要介绍了陕西著名的历史文化景点、陕西美食和民俗。

ISBN:7-80595-983-8

主题词:名胜古迹—陕西省

分类:历史、地理→风俗习惯→中国风俗习惯→各地方风俗习惯总志

目录:第113页　韩城文庙

《陕西东府名胜与民俗(上)　胜景古迹》

作者及著作方式:王杰山编著

出版时间:2004年12月　页数:522页

简介:《陕西东府名胜与民俗》,是介绍渭南名胜与民俗的通俗读物,是当地干部群众、青年学生和有意来渭南开发建设、旅游观光的国内外人士了解渭南、认识渭南的资料性图书,也是在国内外工作和定居的渭南籍人士回味家乡、热爱故土的有益读本。该卷共11章,较为全面介绍了四大风景区的

胜景古迹，把东府渭南秀美夺目的山水泉原，古老璀璨的名胜古迹逐一展现在读者面前。

ISBN:7-5418-2015-6

主题词:陕西—旅游

分类:历史、地理→地理→中国地理→专类地理

目录:第 139 页　韩城文庙

《全国重点文物保护单位》第 3 卷(第一批至第五批)

作者及著作方式:《全国重点文物保护单位》编辑委员会编

出版时间:2004 年 12 月　页数:658 页

简介:该书收录了由国务院公布的第一至第五批共 1271 处全国重点文物保护单位的图文信息，按省、自治区、直辖市排列，内容按古建筑、石窟寺及石刻、古遗址、古墓葬、近现代重要史迹及代表性建筑、其他的顺序排列。

ISBN:7-5010-1525-2

主题词:文物保护—中国—图录

分类:历史、地理→文物考古→中国文物考古

目录:第 334 页　26.韩城文庙

《学宫时代:古代中国人怎样考大学》

作者及著作方式:司雁人著

出版时间:2005 年 8 月　页数:418 页

简介:该书以学宫为载体，研究古代儒学教育，是中国古代教育史的辅助读物，共分“图说学宫”“文解学宫”“学宫变迁”“学宫遗存”四编。

ISBN:7-5004-5206-3

主题词:教育制度—研究—中国—古代

分类:文化、科学、教育、体育→教育→中国教育事业→教育史

目录:第 381 页　陕西学宫遗存　韩城文庙

《一生必去的中国1000个地方》

作者及著作方式:《中国最美的1000个地方》采编组编

出版时间:2006年3月　页数:863页

丛书名:读行天下

简介:世界是一本书,闭门枯坐的人只看到了其中的一页,而旅行为我们的生活打开了一扇扇窗户。"中国最美的1000个地方"可以是我们改变生活以及一生的旅行计划。

ISBN:7-5613-3503-2

主题词:旅游点—简介—中国

分类:历史、地理→地理→中国地理→专类地理

目录:第194页　韩城文庙

《中国古代建筑文化》

作者及著作方式:张驭寰著

出版时间:2007年10月　页数:322页

简介:该书分为12章,内容有古城建筑文化、楼阁文化、殿堂与会馆建筑文化、祠庙建筑文化、佛寺文化、古塔建筑文化、门与窗的文化以及民居文化等,作者依次分析了其文化内涵。

ISBN:7-111-20302-X

主题词:古建筑—文化—中国

分类:工业技术→建筑科学→建筑理论→建筑史

目录:第75页　(四)韩城文庙

《陕西名胜概览》

作者及著作方式:谢长峰编

出版时间:2007年1月　页数:650页

简介:该书介绍了陕西境内1600余处名胜古迹的地理方位、历史沿革、古况今貌、逸闻趣事等。

ISBN:7-80736-104-2

主题词:名胜古迹—简介—陕西省

分类:历史、地理→地理→中国地理→专类地理

目录:第 486 页　韩城文庙

《西安实用导游》上卷

作者及著作方式:张君升编著

出版时间:2006 年 11 月　页数:700 页

简介:该书介绍了西安概况,市区、东线、西线、南线、北线、陕北、陕南名胜,西安的民俗、文化艺术、民间艺术,西安的饮食文化、风物特产、工艺美术品、奇闻逸事、历史之最以及西安的吃、住、行、游、购、娱指南。

ISBN:7-5418-2224-8

主题词:旅游指南—西安市

分类:历史、地理→地理→中国地理→专类地理

目录:第 523 页　韩城文庙

《漫步儒院》

作者及著作方式:孙建华编著

出版时间:2008 年 1 月　页数:240 页

丛书名:漫步中国　中国文化深度旅游图文指南丛书　宗教系列 3

简介:该书内容包括中国儒院整体概述,中国四孔圣地介绍,中国分省首推儒院及其他著名儒院综合指南。

ISBN:978-7-5004-6625-3

主题词:儒家—书院—简介—中国

分类:文化、科学、教育、体育→教育→高等教育→世界各国高等教育概况

目录:第 152 页　韩城文庙

《张驭寰文集》第 11 卷(祠庙、书院、会馆、汾水集、内蒙古考察)

作者及著作方式:张驭寰著

出版时间:2008 年 1 月　页数:375 页

简介：该书分为“祠庙、书院、会馆”“晋南游草（汾水集）”和“内蒙古考察”三编，内容包括武当山之宫观、涡阳老子庙（老君庙）、汾阳太符观正殿建筑之分析、北岳庙庙貌之美、胡氏大宗祠、五顶式楼阁建筑。

ISBN：978-7-5034-2037-5

主题词：建筑史—中国—文集

古建筑—建筑艺术—中国—文集

分类：工业技术→建筑科学→建筑理论→建筑史

目录：第 65 页　韩城文庙建筑之特征

《中国佛道儒教楹联精选》

作者及著作方式：解维汉编选

出版时间：2008 年 9 月　页数：278 页

丛书名：龙魂楹联文化丛书

简介：该书收集中国佛、道、儒教楹联 2847 副，佛教按寺、庵分类，道教按观、宫、庵、庙（城隍庙、土地庙、财神庙、东岳庙、吕祖庙）分类，儒教按文庙、武庙分类。

ISBN：978-7-224-08391-0

主题词：对联—作品集—中国

分类：文学→中国文学→杂著

目录：第 233 页　韩城文庙

《中国古建筑散记》

作者及著作方式：张驭寰编著

出版时间：2009 年 2 月　页数：282 页

简介：该书主要介绍了中国具有代表性的古建筑，分为古建筑基本概念、寺院和庙宇、塔、城池、长城、园林、民居、杂谈八部分内容。书中配有近 200 幅图片，都由作者实地考察拍摄。

ISBN：978-7-115-19232-5

主题词：古建筑—研究—中国

分类：工业技术→建筑科学→建筑理论→建筑史

《孔庙史话》

作者及著作方式:曲英杰著

出版时间:2011 年 8 月　页数:176 页

丛书名:物化历史系列

简介:该书以孔庙的分布作为主线,介绍了孔庙在中国各个朝代的发展演变以及历朝历代的祭孔活动和礼仪,并详细介绍了在古代朝鲜、日本、越南等国的孔庙建制及祭孔活动。由此使读者了解孔庙作为中华文明特有的文化景观对亚洲传统文化的发展具有强大的辐射力。

ISBN:978-7-5097-2544-3

主题词:孔庙—历史

分类:历史、地理→地理→中国地理→专类地理

《渭南历史通鉴》第 5 卷(文物胜景)

作者及著作方式:王杰山编著

出版时间:2009 年 5 月　页数:753 页

简介:该书是一部介绍渭南历史沿革、经济发展、人文历史、民风民俗的区域性历史读物,史料丰富,全方位、多角度介绍了渭南行政区域内上下五千年的人文历史,内容生动翔实。该卷包括文化遗址、帝王陵墓、将相墓冢、乡贤坟茔、碑碣墓志、寺院庙宇、名楼古塔、风景名胜以及渭南土特产和民间工艺等部分。

ISBN:978-7-5059-5899-9

主题词:历史读物—中国—当代

分类:历史、地理→中国史→地方史志

《中国文化遗产词典》

作者及著作方式:丘富科编著

出版时间:2009 年 6 月　页数:577 页

简介:这是一部展示中国文化遗产概貌的工具书。该书入选词条约 3600 条,收录全国重点文物保护单位全 6 批 2351 处(含 2002～2003 年增补单位 3 处)和合并单位 141 处。其中,古遗址、古墓葬、古建筑、近现代重要史迹及代表性建筑、石窟石刻及其他重要文物单位,是本词典内容的主要组成部分。

ISBN:978-7-5010-2421-6

主题词:文化遗产—中国—词典

分类:历史、地理→中国史→通史→文化史

目录:第 338 页　韩城文庙

《儒学之旅:全国孔庙、书院、贡院、考棚完全手册》

作者及著作方式:杨刚编著

出版时间:2009 年 9 月　页数:182 页

简介:该书搜集了全国各地的孔庙、书院、科举考场等旅游景点,以自助旅游手册的方式来帮助中外游客更深入地了解中国儒学文化。该书还扼要地介绍了孔子与儒学,并通过儒学与古代科举制度之间的密切关系来了解儒学在我国发展的大致情况。

ISBN:978-7-5600-8423-7

主题词:旅游指南—中国

分类:历史、地理→地理→中国地理→专类地理

目录:第 158 页　韩城文庙(省保)

《陕西庙会》

作者及著作方式:贺绎、赵慧兰著

出版时间:2009 年 12 月　页数:210 页

丛书名:陕西民族文化大系

简介:该书主要内容包括人文始祖庙、先贤神化人物庙、道教宫观和佛

教寺庙四部分。本应将儒教列入一类，但由于陕西省保留完整的文庙只有韩城市等数处，兴平市只遗留了大成殿，因此将韩城文庙列入先贤神化人物部分，每部分只是现有庙中的较少代表，共有84庙。每庙有文字简介和十余幅图片，旨在使初入庙者对该庙有较完整的认识。

ISBN：978-7-5604-2672-3

主题词：陕西省—通俗读物

分类：历史、地理→中国史→地方史志

目录：第30页　韩城文庙

《行走陕西》

作者及著作方式：豆豆著

出版时间：2010年1月　页数：228页

丛书名：酷驴行走中国

简介：以西安为起点，北上陕北，东往渭南，西到宝鸡，南下汉中，在八百里秦川寻找秦时明月汉时关。

ISBN：978-7-80766-205-1

主题：旅游指南—陕西

分类：历史、地理→地理→中国地理→专类地理

目录：第124页　韩城文庙

《中国西部古建筑讲座》

作者及著作方式：张驭寰著

出版时间：2010年1月　页数：213页

简介：该书主要分陕西、内蒙古、甘肃、宁夏、青海、新疆、西藏六个地区来讲述中国西部古建筑的知识。

ISBN：978-7-5084-7062-7

主题词：古建筑—研究—西北地区

古建筑—研究—西南地区

分类：工业技术→建筑科学→建筑理论→建筑史

目录：第19页　19.韩城文庙

《中国美术全集·建筑一》

作者及著作方式:金维诺总主编;王世仁卷主编

出版时间:2010 年 6 月　页数:295 页

简介:中国美术全集所选作品范围为中国人创作的、反映中国文化的美术作品,也收录了少量外国人创作的、在中外文化交流史上具有代表性的美术品。本册为建筑。

ISBN:7-5461-1371-5

主题词:古建筑—中国—图集

古建筑—中国—图集

分类:艺术→世界各国艺术概况→中国艺术→艺术作品综合集

《庄严之美》宫殿坛庙卷

作者及著作方式:胡石主编

出版时间:2011 年 12 月　页数:186 页

丛书名:中国古建筑经典

简介:该丛书精选具有代表性并具有较高知名度的古建筑实例,以最清晰、最简明的方法进行图文编排,分编为四册,同时以最精练的文字叙述和提示,使人们快速获得它的信息,了解它的价值。

ISBN:978-7-111-36847-2

主题词:古建筑—建筑艺术—中国

分类:工业技术→建筑科学→建筑理论→建筑史

《雕虫斋律诗集》

作者及著作方式:寇养厚著

出版时间:2012 年 3 月　页数:276 页

简介:该书精选作者创作的咏史律诗,全方位展示了陕西三秦地区的名胜古迹,语言通俗易懂,用典贴切,文笔流畅优美,具有较高的价值。

ISBN:978-7-5607-4560-2

主题词:诗集—中国—当代

分类:文学→中国文学→诗歌、韵文→当代作品(1949 年～)

目录:第 200 页　韩城文庙

《陕西旅游系列丛书·游(一)》

作者及著作方式:董宪民主编;郜家福副主编

出版时间:2012 年 7 月　页数:187 页

丛书名:陕西旅游系列丛书

简介:《陕西旅游系列丛书·游(一)》以精练生动的文字、图文并茂的形式,全面展示了改革开放 30 多年,特别是西部大开发以来能够彰显陕西旅游产业发展整体形象的旅游产品,多视角诠释了人文陕西、山水秦岭、佛都长安、红色延安等陕西旅游品牌形象。

ISBN:7-5418-2644-3

主题词:旅游指南—陕西省

分类:历史、地理→地理→中国地理→专类地理

目录:第 173 页　韩城文庙

《陕西玩全攻略》

作者及著作方式:《陕西玩全攻略》编辑部编

出版时间:2012 年 7 月　页数:215 页

简介:《陕西玩全攻略》共分为西安全攻略、延安全攻略、华山全攻略、宝鸡全攻略、汉中全攻略以及陕西其他地方全攻略等,是关于陕西旅游的最佳随身书。

ISBN:978-7-5495-1340-6

主题词:旅游指南—陕西省

分类:历史、地理→地理→中国地理→专类地理

目录:第 118 页　12.韩城文庙

《文物古迹》

作者及著作方式:成江海、李东平、雷珺本册主编

出版时间:2012 年 9 月　页数:180 页

丛书名:渭南历史文化丛书

简介:该书为《渭南历史文化》丛书中之一部,书中全面介绍了渭南市范围内的文物古迹的具体信息,并辅以图片,增强了图书的可读性。

ISBN:978-7-224-10228-4

主题词:名胜古迹—介绍—渭南市

分类:历史、地理→地理→中国地理→专类地理

目录:第 53 页　韩城文庙

《陕西攻略》

作者及著作方式:《全球攻略》编写组编著

出版时间:2013 年 8 月　页数:241 页

丛书名:全球攻略

简介:该书按照陕西的热点区域划分章节,推荐了陕西经典旅游景点,重点选取经典景点、百年建筑、古迹旧址等进行了介绍。

ISBN:978-7-5032-4639-5

主题词:旅游指南—陕西省

分类:历史、地理→地理→中国地理→专类地理

目录:第 170 页　9.韩城文庙

《塞外奇葩》

作者及著作方式:庄裕光主编

出版时间:2014 年 3 月　页数:143 页

丛书名:中国国宝建筑

简介:该书对中国传统建筑中最经典的作品——全国重点文物保护单位进行优中选优,提炼出了国宝建筑的精华。全书采用实景图片,图文并茂地展现了中国国宝建筑的艺术形象和价值所在。

ISBN:978-7-5537-1514-8

主题词:古建筑—建筑艺术—中国

分类:工业技术→建筑科学→建筑理论→建筑史

目录:第 48 页　韩城文庙

《渭南诗词大全》下卷

作者及著作方式:郭勇格主编

出版时间:2014 年 12 月　页数:469 页

简介:该书是一部上至先秦、下至当今的诗歌大全,收录了本地和全国其他省市作者歌咏渭南市的自然人文景观、人物、事件、社会情况的诗词曲赋。其编撰目的在于挖掘地方文化遗产,为读者提供一部比较翔实的地方文献资料。

ISBN:978-7-224-11403-4

主题词:诗词—作品集—中国

分类:文学→中国文学→诗歌、韵文

目录:第 66 页　参观韩城文庙有感　王延龄

　　第 85 页　浣溪沙·韩城文庙　月人

《陕西古建筑》

作者及著作方式:王军、李钰、靳亦冰编

出版时间:2015 年 12 月　页数:328 页

丛书名:中国古建筑丛书

简介:该书系统论述了陕西古代建筑的发展、各类建筑的分布及特点,不仅展示了中国古建筑的建造知识,还全面介绍了中国古代建筑的历史、文化和人文特征,充分体现了中国古代建筑的卓越成就。

ISBN:978-7-112-18828-4

主题词:古建筑—介绍—陕西省

分类:历史、地理→地理→中国地理→专类地理

目录:第 195 页　二、韩城文庙

《中国寺庙通论》

作者及著作方式:王鹤鸣、王澄、梁红编

出版时间:2016 年 5 月　页数:602 页

简介:该书分为神灵祠庙、宗族祠堂、皇家宗庙、名人祠庙、儒家文庙、道教宫观等九章具体内容主要包括神灵祠堂起源、神灵祠堂沿革、著名自然神灵祠庙简介、"三皇"神祠、著名宗族祠堂简介等。

ISBN:978-7-5325-7966-2

主题词:寺庙—介绍—中国

分类:历史、地理→地理→中国地理→专类地理

目录:第 224 页　十六、陕西韩城文庙

《陕西》

作者及著作方式:《发现者旅行指南》编辑部编

出版时间:2017 年 1 月　页数:399 页

丛书名:发现者旅行指南

简介:该书从地理、历史、文化等多个角度解读陕西,以主题地图、分类景观、精美图片等形式,呈现出一个更直观、丰富的陕西。

ISBN 号:978-7-5637-3507-5

主题词:旅游指南—陕西

分类:历史、地理→地理→中国地理→专类地理

目录:第 167 页　韩城文庙尊经阁

《陕西孔庙》

作者及著作方式:裴建平主编

出版时间:2016 年　页数:230 页

简介:该书从历史溯源、建筑遗存、祭器碑刻、文化传承等方面展示了陕西孔庙的渊源发展,较为完整地体现了地域孔庙文化一脉相承的传承历史。最后一部分《陕西孔庙调研报告》全面反映了陕西孔庙的历史与现状,分析了存在的问题,提出了建议。

ISBN:978-7-224-11954-1

主题词:孔庙—介绍—陕西

分类:历史、地理→地理→中国地理→专类地理

目录:第 52 页　韩城孔庙

《陕西孔庙遗存及其文化价值研究》

作者及著作方式:王长坤著

出版时间:2016 年　页数:359 页

简介:该书搜集陕西地区各类方志、石刻资料,结合实地调查,对陕西孔庙遗存资料进行了系统归纳、整理和研究,通过对陕西各地孔庙遗存实例的分析,透视陕西传统社会政治、经济、文化发展的状况,探讨儒家和中国古代思想文化的发展和演变,归纳出陕西孔庙历史发展的特点及其文化价值。

ISBN:978-7-03-054998-3

主题词:孔庙—文物保护—研究—陕西

分类:历史、地理→地理→中国地理→专类地理

目录:第 165 页　第一节　韩城孔庙

《最简单的人类动作入门》

作者及著作方式:臧棣

出版时间:2017 年 12 月　页数:312 页

丛书名:大雅诗丛

简介:诗集精选臧棣近作,共五卷,是诗人继"丛书"和"协会"诗系列之后精心打造的又一个重要系列。这些冠以"入门"之名的诗,充满了"对事物和生存本身的同情"以及诗人试图重构人和世界的秘密关系的努力。它们展示了诗人近年来的新探索。一方面,在一个极具包容性和形式感的诗歌"装置"中,在语言的弹性和生殖力的充分释放中,通过"和自我争辩",借助灵动的诗歌智性和鲜活犀利的审美洞察力,奋力开辟新的看待世界的眼光,重新演绎生存的真相。另一方面,诗人专注于语言,努力刷新既有的诗歌表达,完成了对诗歌传统的拆解以及对流行诗歌时尚的大胆偏离。这样的诗歌实践,既触及生命的自我关怀,又顾及新的诗歌语言的探究,既为读者带

来新的冲击和挑战，又是对诗歌阅读的激活。它们构筑了当代诗歌的一道新的风景。

ISBN：978-7-219-10451-4

主题词：诗集—中国—当代

分类：文学→中国文学→诗歌、韵文→当代作品（1949 年～　）

目录：第 140 页　韩城文庙入门

《中国自助游（2019 年）》

作者及著作方式：《中国自助游》编委会编

出版时间：2018 年 9 月　页数：703 页

简介：该书是一本中国旅行的实用指南书，涵盖了中国所有省份的经典景点和热门旅游资源，深入介绍了 200 多个城市的旅游资讯。

ISBN：978-7-5184-2061-2

主题词：旅游指南—中国

分类：历史、地理→地理→中国地理→专类地理

目录：第 264 页　韩城文庙

《史圣故里话三庙》

作者及著作方式：冯博平编著

出版时间：2018 年 10 月

简介：该书主要有两个部分。第一部分是中国历史文化名城韩城古城的文庙、东营庙及城隍庙的历史概况、古建筑文化内涵、历代维修扩建、所涉及的文物及历年来的保护和活化利用等。第二部分是三庙里所设立的韩城市博物馆的基本概况，包括博物馆的成立与发展、部分馆藏文物介绍等。最后附有作者近年来的研究文章。

ISBN：978-7-109-24529-7

主题词：博物馆—介绍—韩城

分类：文化、科学、教育、体育→信息与知识传播→博物馆学、博物馆事业→世界各国博物馆事业

《西北文化资源大典》

作者及著作方式：彭岚嘉主编

出版时间：2018 年 12 月　页数：1361 页

简介：该书是兰州大学中央高校基本科研业务费专项资金重大培育招标项目“西北地区文化资源调查、整合与开发”的阶段性成果，以条目的方式对西北地区五省区的文化资源进行系统的归纳和梳理，旨在全面把握和准确认识西北地区文化资源的特点、价值及其在复兴民族文化中的地位和作用。

ISBN：978-7-105-15568-2

主题词：地方文化—文化产业—研究—西北地区

分类：文化、科学、教育、体育→世界各国文化与文化事业→中国→地方文化与文化事业

目录：第 113 页　韩城文庙

《陕西碑刻总目提要初编》第 2 册

作者及著作方式：吴敏霞主编；刘思怡、王珂分册主编

出版时间：2018 年 12 月　页数：340 页

简介：该书收录陕西境内历代碑、墓志、墓砖、摩崖石刻、造像题记、经幢、塔铭等多种类型的石刻资料。其中所收各类碑刻年代上自秦汉，下迄民国末年，著录信息包括碑名、年代、形制、行字、撰书刻者、纹饰、出土地、现藏地、著录情况及提要等多方面内容。

ISBN：978-7-03-051374-8

主题词：碑刻—内容提要—陕西—古代

分类：历史、地理→文物考古→中国文物考古→古书契

目录：第 294 页　万历九年敕谕李维桢陕西各府州县学碑

　　　第 314 页　韩城县学重修记

《陕西碑刻总目提要初编》第 3 册

作者及著作方式：吴敏霞主编；范志鹏、高叶青分册主编

出版时间:2018 年 12 月　页数:326 页

简介:该书收录陕西境内历代碑、墓志、墓砖、摩崖石刻、造像题记、经幢、塔铭等多种类型的石刻资料;所收各类碑刻年代上自秦汉,下迄民国末年;所收碑刻的著录信息包括碑名、年代、形制、行字、撰书刻者、纹饰、出土地、现藏地、著录情况及提要等多方面内容。

ISBN:978-7-03-051374-8

主题词:碑刻—内容提要—陕西—古代

分类:历史、地理→文物考古→中国文物考古→古书契

目录:第 64 页　重修韩城学宫记

《陕西碑刻总目提要初编》第 4 册

作者及著作方式:吴敏霞主编;杨志飞分册主编

出版时间:2018 年 12 月　页数:252 页

简介:该书收录陕西境内历代碑、墓志、墓砖、摩崖石刻、造像题记、经幢、塔铭等多种类型的石刻资料;所收各类碑刻年代上自秦汉,下迄民国末年;所收碑刻的著录信息包括碑名、年代、形制、行字、撰书刻者、纹饰、出土地、现藏地、著录情况及提要等多方面内容。

ISBN:978-7-03-051374-8

主题词:碑刻—内容提要—陕西—古代

分类:历史、地理→文物考古→中国文物考古→古书契

目录:第 17 页　重理韩城文庙司灯章程碑记

第 24 页　韩城县令为文庙灯围被窃告示碑

第 245 页　韩城文庙下马碑

富平文庙

《儒学之旅:全国孔庙、书院、贡院、考棚完全手册》

作者及著作方式:杨刚编著

出版时间:2009 年 9 月　页数:182 页

简介:该书搜集了全国各地的孔庙、书院、科举考场等旅游景点,以自助旅游手册的方式来帮助中外游客更深入地了解中国儒学文化。该书还扼要地介绍了孔子与儒学,并通过儒学与古代科举制度之间的密切关系来了解儒学在我国发展的大致情况。

ISBN:978-7-5600-8423-7

主题词:旅游指南—中国

分类:历史、地理→地理→中国地理→专类地理

目录:第 158 页　富平文庙

《渭南历史通鉴》第 5 卷(文物胜景)

作者及著作方式:王杰山编著

出版时间:2009 年 5 月　页数:753 页

简介:该书是一部介绍渭南历史沿革、经济发展、人文历史、民风民俗的区域性历史读物,全方位、多角度介绍了渭南行政区域内上下五千年的人文历史,内容生动翔实,史料丰富。该卷包括文化遗址、帝王陵墓、将相墓冢、乡贤坟茔、碑碣墓志、寺院庙宇、名楼古塔、风景名胜以及渭南土特产和民间

工艺等部分。

ISBN:978-7-5059-5899-9

主题词:历史读物—中国—当代

分类:历史、地理→中国史→地方史志

目录:第126页　富平文庙

《陕西孔庙》

作者及著作方式:裴建平主编

出版时间:2016年　页数:230页

简介:该书从“历史溯源”“建筑遗存”“祭器碑刻”“文化传承”四个方面展示了陕西孔庙的渊源发展,较为完整地体现了地域孔庙文化一脉相承的传承历史。最后一部分《陕西孔庙调研报告》全面反映了陕西孔庙的历史与现状,分析了存在问题,提出了建议。

ISBN:978-7-224-11954-1

主题词:孔庙—介绍—陕西

分类:历史、地理→地理→中国地理→专类地理

目录:第65页　富平孔庙

《陕西孔庙遗存及其文化价值研究》

作者及著作方式:王长坤著

出版时间:2017年11月　页数:359页

简介:该书搜集陕西地区各类方志、石刻资料,结合实地调查,对陕西孔庙遗存资料进行了系统归纳、整理和研究,通过对陕西各地孔庙遗存实例的分析,透视陕西传统社会政治、经济、文化发展的状况,探讨儒家和中国古代思想文化的发展和演变,归纳出陕西孔庙历史发展的特点及其文化价值。

ISBN:978-7-03-054998-3

主题词:孔庙—文物保护—研究—陕西

分类:历史、地理→地理→中国地理→专类地理

目录:第196页　第六节　富平孔庙

凤县文庙

《陕西孔庙》

作者及著作方式:裴建平主编

出版时间:2016 年　页数:230 页

简介:该书从历史溯源、建筑遗存、祭器碑刻、文化传承等方面展示了陕西孔庙的渊源发展,较为完整地体现了地域孔庙文化一脉相承的传承历史。最后一部分《陕西孔庙调研报告》全面反映了陕西孔庙的历史与现状,分析了存在的问题,提出了建议。

ISBN:978-7-224-11954-1

主题词:孔庙—介绍—陕西

分类:历史、地理→地理→中国地理→专类地理

目录:第 68 页　凤县孔庙

《陕西孔庙遗存及其文化价值研究》

作者及著作方式:王长坤著

出版时间:2017 年 11 月　页数:359 页

简介:该书搜集陕西地区各类方志、石刻资料,结合实地调查,对陕西孔庙遗存资料进行了系统归纳、整理和研究,通过对陕西各地孔庙遗存实例的分析,透视陕西传统社会政治、经济、文化发展的状况,探讨儒家和中国古代思想文化的发展和演变,归纳出陕西孔庙历史发展的特点及其文化价值。

ISBN:978-7-03-054998-3

主题词:孔庙—文物保护—研究—陕西

分类:历史、地理→地理→中国地理→专类地理

目录:第 223 页　凤县孔庙

《(嘉庆)汉中府志校勘》(下)

作者及著作方式:(清)严如熤主修;郭鹏校勘

出版时间:2012 年 9 月　页数:1267 页

简介:《(嘉庆)汉中府志校勘》为陕西地方志专家郭鹏多年来的研究成果,列为国家新闻出版总署"全国古籍整理出版重点项目"出版,对汉中多年来一些历史文化表述中的错误进行了严肃认真的考证纠错,于汉中历史研究有着极其重要的参考价值。

ISBN:978-7-5518-0025-9

主题词:汉中市—地方志—秦代～清代

分类:历史、地理→中国史→地方史志

目录:第 927 页　重修凤县儒学泮池记　余塘

汉中文庙

《汉中地区名胜古迹》

作者及著作方式:陕西汉中地区文化局编

出版时间:1983 年 4 月　页数:215 页

简介:"汉中"一词在秦惠文王十三年(前 312)设置汉中郡时就已出现,迄今已有近 2300 年的历史。在漫长的历史进程中,汉中的古遗址、古建筑、古墓葬、摩崖石刻、石窟造像等各类名胜古迹数不胜数。该书对汉中的沿革及名胜古迹概括进行了详尽概括和描述,物存述文,据史介绍。书中对所介绍的名胜古迹均配以大量现状图片,既为实物证据,又便于引起读者"江山留胜迹,我辈复登临"的兴趣。

主题词:名胜古迹—汉中

分类:历史、地理→地理→中国地理→专类地理

目录:第 31 页　汉中府文庙

《中国孔庙》

作者及著作方式:高文、范小平编著

出版时间:1994 年 10 月　页数:153 页

简介:该书在查阅大量历史文献、实地考察各地孔庙的基础上,对中国孔庙进行了系统研究。这是迄今为止系统介绍中国孔庙的第一本书。该书图文并茂,史料翔实,为儒学研究和孔庙研究提供了新资料,为挖掘、整理、

弘扬中华民族优秀文化遗产写下了新篇章。

ISBN:7-80575-659-7

主题词:孔庙—建筑史(地点:中国)

建筑史—孔庙(地点:中国)

分类:工业技术→建筑科学→建筑理论→建筑史

目录:第 84 页　75.陕西汉中府文庙

《汉中碑石》

作者及著作方式:陈显远编著

出版时间:1996 年 4 月　页数:474 页

丛书名:陕西金石文献汇集

简介:该书除收录碑石外,同时还收录了具有一定史料价值的少数砖铭、铁钟,按内容主要分为官私文书、纪事刻石、述德刻石、寺庙刻石、墓志墓碑、游览题刻等方面。

ISBN:7-80546-858-3

主题词:碑刻(地点:汉中地区　学科:图集)

碑文(地点:汉中地区　学科:汇编)

分类:历史、地理→文物考古→中国文物考古→古书契

目录:第 196 页　重修文庙碑(清顺治十七年)

《汉台区文史资料》第 16 辑

作者及著作方式:汉台区政协学习文史委员会编

出版时间:2000 年 12 月　页数:251 页

简介:汉台区位于陕西省西南部,北依秦岭,南临汉江,是国家级历史文化名城,也是全国优秀旅游城市。该书挖掘和搜集了汉中市汉台区有关文史资料,充分介绍并展示了汉台区政治、经济和文化的丰富内涵。

主题词:陕西—文史资料

汉中—文史资料

分类:历史、地理→中国史→地方史志

目录:第 205 页　汉中府文庙的沿革及残存碑石　陈显远

《话说石鼓文》

作者及著作方式:刘佳著

出版时间:2009 年 12 月　页数:357 页

简介:该书围绕石鼓文展开话题,将有关石鼓文的发现及流传历史,石鼓文历代对著名文人的影响以及后世书法家习写石鼓文的情况,进行了十分完整和全面的介绍。

ISBN:978-7-80737-659-0

主题词:石鼓文—研究

分类:历史、地理→文物考古→中国文物考古→古书契

目录:第 92 页　石鼓乘汽车到汉中文庙存放

《(嘉庆)汉中府志校勘》(下)

作者及著作方式:(清)严如熤主修;郭鹏校勘

出版时间:2012 年 9 月　页数:1267 页

简介:《(嘉庆)汉中府志校勘》为陕西地方志专家郭鹏多年来的研究成果,列为国家新闻出版总署"全国古籍整理出版重点项目"出版,对汉中多年来一些历史文化表述中的错误进行了严肃认真的考证纠错,对汉中历史研究具有极其重要的参考价值。

ISBN:978-7-5518-0025-9

主题词:汉中市—地方志—秦代~清代

分类:历史、地理→中国史→地方史志

目录:第 966 页　重修文庙记　毛际可

《汉中史谭》

作者及著作方式:陈福寿编著

出版时间:2016 年　页数:357 页

简介:该书是一部汉中市地方文献资料汇编,收录了当地的文学遗产、历史文献、蜀道资料、人文景观、自然景观等方面的地情资料,为政府的工作决策提供参考,为编纂地方史志提供了基础性的资料和文献。

ISBN:978-7-5518-1413-3

主题词:汉中—地方史—史料

分类:历史、地理→中国史→地方史志

目录:第 317 页　文庙

《陕西孔庙》

作者及著作方式:裴建平主编

出版时间:2016 年　页数:230 页

简介:该书从历史溯源、建筑遗存、祭器碑刻、文化传承等方面展示了陕西孔庙的渊源发展,较为完整地体现了地域孔庙文化一脉相承的传承历史。最后一部分《陕西孔庙调研报告》全面反映了陕西孔庙的历史与现状,分析了存在的问题,提出了建议。

ISBN:978-7-224-11954-1

主题词:孔庙—介绍—陕西

分类:历史、地理→地理→中国地理→专类地理

目录:第 70 页　汉中孔庙

《陕西孔庙遗存及其文化价值研究》

作者及著作方式:王长坤著

出版时间:2017 年 11 月　页数:359 页

简介:该书搜集陕西地区各类方志、石刻资料,结合实地调查,对陕西孔庙遗存资料进行了系统归纳、整理和研究,通过对陕西各地孔庙遗存实例的分析,透视陕西传统社会政治、经济、文化发展的状况,探讨儒家和中国古代思想文化的发展和演变,归纳出陕西孔庙历史发展的特点及其文化价值。

ISBN:978-7-03-054998-3

主题词:孔庙—文物保护—研究—陕西

分类:历史、地理→地理→中国地理→专类地理

目录:第 243 页　第七章　汉中地区孔庙

　　第 243 页　第一节　汉中孔庙

《陕西碑刻总目提要初编》第4册

作者及著作方式:吴敏霞主编;杨志飞分册主编

出版时间:2018年12月　页数:252页

简介:该书收录陕西境内历代碑、墓志、墓砖、摩崖石刻、造像题记、经幢、塔铭等多种类型的石刻资料;所收各类碑刻年代上自秦汉,下迄民国末年;所收碑刻的著录信息包括碑名、年代、形制、行字、撰书刻者、纹饰、出土地、现藏地、著录情况及提要等多方面内容。

ISBN:978-7-03-051374-8

主题词:碑刻—内容提要—陕西—古代

分类:历史、地理→文物考古→中国文物考古→古书契

目录:第201页　汉中府文庙经幢

《汉中历代名家名篇精选》

作者及著作方式:贾连友主编

出版时间:2019年1月　页数:388页

简介:该书是由汉中文联作协编写的一套宣传汉中的通俗读物,以年代为经,以诗歌和赋为纬,将历朝历代名家名篇中有关汉中的文章摘录出来,加以简单的注释。全书共选择人物上百名,诗歌180首,赋100多篇,内容简洁明了,歌颂了历代名人对汉中山水、民情、风俗、人文的歌颂和赞美。

ISBN:978-7-5541-3683-6

主题词:中国文学—作品综合集

分类:文学→中国文学→作品集→作品综合集

目录:第203页　重建汉中府学文庙记　段大章

兴平文庙

《中国名胜词典》陕西分册

作者及著作方式:国家文物事业管理局主编

出版时间:1984 年 12 月　页数:45 页

简介:该书收录了陕西省重要的文物保护单位、革命纪念地、有名的风景区、游览点以及文化遗址等,词目完整,内容简明扼要,对于流传较广的神话和民间传说、诗词描述或典故由来,也酌予介绍。

统一书号:12187・1

主题词:名胜古迹(地点:中国　学科:词典)

名胜古迹(地点:陕西　学科:词典)

分类:历史、地理→中国史

目录:第 29 页　兴平文庙大成殿

《陕西名胜词典》

作者及著作方式:孙向东编

出版时间:1985 年 5 月　页数:286 页

简介:该书选收陕西省风景名胜,包括本省的全国重点文物保护单位、风景胜地、名山佳湖、岩洞园林、宫殿寺庙、亭台楼阁、古墓遗址、碑碣石刻、革命旧址、古代建筑等,还辅以有关的人物简介、历史典故、名人诗词和神化故事等。

统一书号:17094・26

主题词:名胜古迹(地点:陕西　学科:词典)

　　陕西(学科:名胜古迹)

分类:历史、地理→地理→中国地理→专类地理

目录:第207页　兴平文庙大成殿

《陕西名胜古迹》

作者及著作方式:陕西省文物管理委员会编

出版时间:1986年12月　页数:505页

丛书名:陕西历史文物丛书

简介:该书将陕西各县的名胜古迹进行了系统归类、整理,以文字介绍为主,并辅以照片。由于历史原因,许多名胜古迹遭受了不同程度的破坏,经过多次调查研究,该书在初稿的基础上增补了各县的历史沿革,书中所搜集的名胜古迹单位,只提供现存的、可供参观的遗迹和遗物。有名无实的,暂无收录。

统一书号:11094・174

主题词:名胜古迹(地点:陕西)

分类:历史、地理→地理→中国地理→专类地理

目录:第117页　文庙大成殿

　　第254页　文庙

《三秦历史文化辞典》

作者及著作方式:袁明仁、李登弟、山岗等主编

出版时间:1992年10月　页数:1032页

简介:收词目4529条,分为历史、文献、哲学、教育、宗教、文学、艺术等20个部分。

ISBN:7-5419-3161-6

主题词:文化史(地点:陕西　学科:词典)

分类:历史、地理→中国史→地方史志

目录:第895页　兴平文庙大成殿

《可爱的陕西》

作者及著作方式:韦建培主编;马正林等撰

出版时间:1991 年 12 月　页数:338 页

简介:该书介绍了陕西的历史沿革及自然资源,是一本了解陕西、认识陕西和研究陕西的优秀读物。

ISBN:7-5613-0458-7

主题词:陕西(学科:概况)

分类:历史、地理→地理→中国地理

目录:第 794 页　六十一、兴平文庙

《兴平县志》

作者及著作方式:兴平县地方志编纂委员会编

出版时间:1994 年 8 月　页数:973 页

丛书名:陕西省地方志丛书

简介:《兴平县志》的编写,起于明朝嘉靖四十三年(1564),历史上曾修过 7 次,有 10 个版本。此次编写县志,历时 8 年,经过广搜博采、分析整理,求实存真,记载了兴平县从新石器时期以来的沧桑变迁过程。该县志分门别类地记述了兴平县的地理、历史、经济、政治、军事、文化、风俗、人物等方面的历史和现实,是兴平县第一部社会主义新县志,也是该县的"百科全书"。

ISBN:7-224-03668-4

主题词:地方志(地点:兴平县)

分类:历史、地理→中国史→地方史志

目录:第 446 页　(二)文庙大成殿

第 659 页　第一节　县学、社学、义学

第 737 页　第二节　文庙大成殿

《中国孔庙》

作者及著作方式:高文、范小平编著

出版时间:1994 年 10 月　页数:153 页

简介:该书在查阅大量历史文献、实地考察各地孔庙的基础上,对中国孔庙进行了系统研究。这是迄今为止系统介绍中国孔庙的第一本书。该书图文并茂,史料翔实,为儒学研究和孔庙研究提供了新资料,为挖掘、整理、弘扬中华民族优秀文化遗产写下了新篇章。

ISBN:7-80575-659-7

主题词:孔庙—建筑史(地点:中国)

　　　建筑史—孔庙(地点:中国)

分类:工业技术→建筑科学→建筑理论→建筑史

目录:第 81 页　71.陕西兴平文庙

　　第 122 页　52.陕西兴平文庙

《中国丝绸之路辞典》

作者及著作方式:雪犁主编

出版时间:1994 年 10 月　页数:1194 页

简介:该辞典收录了与丝绸之路的历史、地理、民族、人物、文化、风俗相关词语,共 4000 条,有条目分类和首字音序两种索引。

ISBN:7-228-03038-9

主题词:丝绸之路(学科:词典)

分类:历史、地理→中国史→通史→文化史

目录:第 86 页　兴平文庙大成殿

《陕西名胜楹联》

作者及著作方式:林随喜编

出版时间:1997 年 12 月　页数:375 页

简介:陕西历史悠久,名胜古迹繁多,名胜楹联也非常丰富。作者搜集陕西 9 个地、市(县)以及各市县所辖景点的楹联,不分古今先后,以字数由少到多排列,汇编成书。

ISBN:7-80594-410-5

主题词:对联(地点:中国　学科:汇编)

分类:文学→中国文学→杂著→当代作品(1949年～)

目录:第228页 文庙大成殿(兴平县)

《500景点游遍陕西》

作者及著作方式:惠焕章等编著

出版时间:2001年6月 页数:364页

简介:该书介绍陕西省544处重要的旅游景点,其中包括最著名的历史古迹和新建起来的旅游名胜,如西安城墙、半坡遗址、秦始皇陵等。

ISBN:7-5418-1787-2

主题词:名胜古迹—简介—陕西省

分类:历史、地理→地理→中国地理→专类地理

目录:第135页 兴平市文庙大成殿

《中国名胜名联鉴赏》

作者及著作方式:李文郑著

出版时间:2003年8月 页数:427页

丛书名:中华对联丛书

简介:该书精选全国各地名胜区广为传诵、具有鲜明地方特色的名联作品,对其进行鉴赏,论述其内容、用典、所描述的山水风物等。

ISBN:7-5348-2167-3

主题词:对联—鉴赏—中国

分类:文学→中国文学→各体文学评论和研究→散文、杂著

目录:第362页 兴平文庙

《咸阳文物古迹大观》

作者及著作方式:樊延平主编

出版时间:2007年12月 页数:301页

简介:该书从古遗址、古墓葬、石刻等不可移动文物和馆藏文物的角度,详尽地介绍了咸阳市国保单位,省保单位和县保单位的文物,对文物保护和宣传起到了一定的作用。

ISBN:978-7-80736-301-9

主题词:历史文物—简介—咸阳市

名胜古迹—简介—咸阳市

分类:历史、地理→地理→中国地理→专类地理

目录:第 230 页　兴平文庙大成殿

《中国佛道儒教楹联精选》

作者及著作方式:解维汉编选

出版时间:2008 年 9 月　页数:278 页

丛书名:龙魂楹联文化丛书

简介:该书收集中国佛、道、儒教楹联 2847 副,佛教按寺、庵分类,道教按观、宫、庵、庙(城隍庙、土地庙、财神庙、东岳庙、吕祖庙)分类,儒教按文庙、武庙分类。

ISBN:978-7-224-08391-0

主题词:对联—作品集—中国

分类:文学→中国文学→杂著

目录:第 233 页　兴平文庙

《咸阳市文物志》

作者及著作方式:咸阳市文物事业管理局编

出版时间:2008 年 12 月　页数:590 页

简介:该书共分 20 章,主要介绍了咸阳市的文物、近代史遗迹、行政管理机构和文博单位、文物保护工作、文物调查、发掘与研究、陈列展览等。

ISBN:978-7-80736-481-8

主题词:文物—概况—咸阳市

分类:历史、地理→文物考古→中国文物考古→地区文物考古

目录:第 152 页　兴平文庙大成殿

第 210 页　兴平县孔庙重修记

第 213 页　重修兴平县文庙碑

《儒学之旅:全国孔庙、书院、贡院、考棚完全手册》

作者及著作方式:杨刚编著

出版时间:2009年9月　页数:182页

简介:该书搜集了全国各地的孔庙、书院、科举考场等旅游景点以自助旅游手册的方式来帮助中外游客更深入地了解中国儒学文化。该书还扼要地介绍了孔子与儒学,并通过儒学与古代科举制度之间的密切关系来了解儒学在我国发展的大致情况。

ISBN:978-7-5600-8423-7

主题词:旅游指南—中国

分类:历史、地理→地理→中国地理→专类地理

目录:第156页　兴平文庙(省保)

《秦宫汉阙　帝陵之乡:咸阳博物馆漫步》

作者及著作方式:陕西省文物局编

出版时间:2013年5月　页数:187页

丛书名:陕西博物馆丛书

简介:咸阳博物馆珍藏着一部物化的咸阳地域文明发展史,每一处遗址、每一座古建筑以及汉唐帝王陵墓,无不见证着中国历史的风风雨雨,处处红色纪念地向我们清晰地昭示着革命先烈在中国共产党的领导下浴血奋斗的光辉历程。该书的出版,不但是为了宣传推介咸阳博物馆,为市民更好地参观游览提供"精神食粮",更是为了发挥博物馆爱国主义教育基地的作用。

ISBN:978-7-5418-2888-1

主题词:博物馆—介绍—咸阳市

分类:文化、科学、教育、体育→信息与知识传播→博物馆学、博物馆事业→世界各国博物馆事业

目录:第116页　槐里古邑文庙犹存——兴平市博物馆

《陕西孔庙》

作者及著作方式:裴建平主编

出版时间:2016 年　页数:230 页

简介:该书从历史溯源、建筑遗存、祭器碑刻、文化传承等方面展示了陕西孔庙的渊源发展,较为完整地体现了地域孔庙文化一脉相承的传承历史。最后一部分《陕西孔庙调研报告》全面反映了陕西孔庙的历史与现状,分析了存在的问题,提出了建议。

ISBN:978-7-224-11954-1

主题词:孔庙—介绍—陕西

分类:历史、地理→地理→中国地理→专类地理

目录:第 36 页　兴平孔庙

《陕西孔庙遗存及其文化价值研究》

作者及著作方式:王长坤著

出版时间:2017 年 11 月　页数:359 页

简介:该书搜集陕西地区各类方志、石刻资料,结合实地调查,对陕西孔庙遗存资料进行了系统归纳、整理和研究,通过对陕西各地孔庙遗存实例的分析,透视陕西传统社会政治、经济、文化发展的状况,探讨儒家和中国古代思想文化的发展和演变,归纳出陕西孔庙历史发展的特点及其文化价值。

ISBN:978-7-03-054998-3

主题词:孔庙—文物保护—研究—陕西

分类:历史、地理→地理→中国地理→专类地理

目录:第 122 页　第二节　兴平孔庙

《陕西碑刻总目提要初编》第 2 册

作者及著作方式:吴敏霞主编;刘思怡、王珂分册主编

出版时间:2018 年 12 月　页数:340 页

简介:该书收录陕西境内历代碑、墓志、墓砖、摩崖石刻、造像题记、经幢、塔铭等多种类型的石刻资料,年代上自秦汉,下迄民国末年,著录信息包

括碑名、年代、形制、行字、撰书刻者、纹饰、出土地、现藏地、著录情况及提要等多方面内容。

ISBN:978-7-03-051374-8

主题词:碑刻—内容提要—陕西—古代

分类:历史、地理→文物考古→中国文物考古→古书契

目录:第 294 页　兴平县孔庙重修记

旬阳文庙

《安康碑石》

作者及著作方式：张沛编著

出版时间：1991 年 5 月　页数：426 页

丛书名：陕西金石文献汇集

简介：该书为陕西省安康地区碑石文献专集，内容包括现存的碑碣、墓志与摩崖刻石，同时还收录了部分与碑石文献具有同样价值的金文、砖铭、钟款、地券、木碑和瓷志。

ISBN：7-80546-308-5

主题词：碑刻—考古（地点：中国　地点：陕西省　地点：安康地区）

　　　　考古—碑刻（地点：中国　地点：陕西省　地点：安康地区）

分类：历史、地理→文物考古→中国文物考古→古书契

目录：第 59 页　旬阳县重修儒学碑（明万历三十三年）

《安康碑版钩沉》

作者及著作方式：李启良等搜集整理校注

出版时间：1998 年 2 月　页数：486 页

简介：古有镌刻顽石以颂其功者，亦有沉碑于汉而沽今名者，其意原在于求传不朽。秦巴山中多美石，其民朴而巧，每有兴废升沉之事，辄刻于碑碣以奖善戒恶，名曰“流芳千秋”，旨趣却在于促进世治文明。安康境内明清

时期刻石之风尤盛，凡屋壁道侧，荒茔野冢，无不可以树碑立碣以记人情物事。该书收集了从唐宋到清末民初的470多处现存碑文，对于研究安康地区政治、经济和文化生活具有极为重要的参考价值。

ISBN：7-224-04565-9

主题词：碑文（学科：考证　地点：安康地区）

分类：历史、地理→文物考古→中国文物考古→古书契

目录：第166页　重修旬阳儒学记　（明）余洵

第181页　旬阳重修文庙碑记　（清）严如熤

《中国孔庙》

作者及著作方式：高文、范小平编著

出版时间：1994年10月　页数：153页

简介：该书在查阅大量历史文献、实地考察各地孔庙的基础上，对中国孔庙进行了系统研究。这是迄今为止系统介绍中国孔庙的第一本书。该书图文并茂，史料翔实，为儒学研究和孔庙研究提供了新资料，为挖掘、整理、弘扬中华民族优秀文化遗产写下了新篇章。

ISBN：7-80575-659-7

主题词：孔庙—建筑史（地点：中国）

建筑史—孔庙（地点：中国）

分类：工业技术→建筑科学→建筑理论→建筑史

目录：第81页　70.陕西旬阳文庙

《中国旅行宝典·陕西》

作者及著作方式：燕民主编

出版时间：2001年9月　页数：160页

简介：该书内容包括认识陕西、玩在西安、王顺山风景区、周原博物馆、乾陵地宫、柞水溶洞、中国第一口油井等。

ISBN：7-80158-057-5

主题词：旅游指南—中国—旅游指南—陕西省

分类：历史、地理→地理→中国地理→专类地理

目录:第 122 页　旬阳县文庙

《世界孔庙》第 1 卷

作者及著作方式:中国孔庙保护协会、曲阜孔子博物院编;陈传平主编
出版时间:2004 年 9 月　页数:270 页
简介:该书是一部系统介绍孔庙这一独具中国特色的世界性庙宇的专著,内容包括概述、千古一庙万世同宗、国兴太学世盛文昌等。
ISBN:7-5010-1662-3
主题词:孔庙—图集
分类:历史、地理→地理→中国地理→专类地理
目录:第 198 页　陕西旬阳文庙

《陕西文物古迹大观(三)》

作者及著作方式:陕西省文物局编
出版时间:2006 年 10 月　页数:590 页
简介:该书是 1998 年和 2003 年陕西省文物局编写出版的第一、二册《陕西省文物古迹大观》的续编,对陕西省人民政府公布的第一至第四批省级文物保护单位运用最新资料进行了科学、详细的概述,并配有大量照片和插图。
ISBN:7-80736-121-2
主题词:名胜古迹—简介—陕西省
　　　　历史文物—简介—陕西省
分类:历史、地理→地理→中国地理→专类地理
目录:第 439 页　旬阳文庙

《陕西名胜概览》

作者及著作方式:谢长峰编
出版时间:2007 年 1 月　页数:650 页
简介:该书介绍了陕西境内 1600 余处名胜古迹的地理方位、历史沿革、古况今貌、逸闻趣事等。

ISBN:7-80736-104-2

主题词:名胜古迹—简介—陕西省

分类:历史、地理→地理→中国地理→专类地理

目录:第 408 页　旬阳文庙

《儒学之旅:全国孔庙、书院、贡院、考棚完全手册》

作者及著作方式:杨刚编著

出版时间:2009 年 9 月　页数:182 页

简介:该书搜集了全国各地的孔庙、书院、科举考场等旅游景点,以自助旅游手册的方式来帮助中外游客更深入地了解中国儒学文化。该书还扼要地介绍了孔子与儒学,并通过儒学与古代科举制度之间的密切关系来了解儒学在我国发展的大致情况。

ISBN:978-7-5600-8423-7

主题词:旅游指南—中国

分类:历史、地理→地理→中国地理→专类地理

目录:第 160 页　旬阳文庙

《陕西旅游系列丛书·游(二)》

作者及著作方式:董宪民主编

出版时间:2012 年 7 月　页数:187 页

丛书名:陕西旅游系列丛书

简介:该书以精练生动的文字、图文并茂的形式,全面展示了改革开放30 多年,特别是西部大开发以来能够彰显陕西旅游产业发展整体形象的旅游产品,多视角诠释了人文陕西、山水秦岭、佛都长安、红色延安等陕西旅游品牌形象。该书选材典型、典故丰富、知识准确、信息权威、可读性强,为境内外旅游者提供了一系列品味陕西旅游的生活指南和精神盛宴。

ISBN:978-7-5418-2642-9

主题词:旅游指南—陕西省

分类:历史、地理→地理→中国地理→专类地理

目录:第 120 页　旬阳文庙

《乐园文钞》

作者及著作方式:(清)严如熤著

出版时间:2015 年 8 月　页数:258 页

丛书名:汉中文献丛书

简介:严如熤,字炳文,一字苏亭,号乐园,清代地理学家,湖南溆浦人。曾就读于岳麓书院,留心经世之学,精研天文、地理和兵法。严如熤勤于著述,留世著作颇丰,本次整理的《乐园文钞》以上海图书馆藏本为底本,择善而从,并辑补了部分内容。此外,补充了碑文内容附录于后。

ISBN:978-7-5518-1069-2

主题词:古典诗歌—诗歌研究—中国—清代—文集

分类:文学→中国文学→各体文学评论和研究→诗歌、韵文

目录:第 255 页　旬阳重修文庙碑记

《陕西孔庙》

作者及著作方式:裴建平主编

出版时间:2016 年　页数:230 页

简介:该书从历史溯源、建筑遗存、祭器碑刻、文化传承等方面展示了陕西孔庙的渊源发展,较为完整地体现了地域孔庙文化一脉相承的传承历史。最后一部分《陕西孔庙调研报告》全面反映了陕西孔庙的历史与现状,分析了存在的问题,提出了建议。

ISBN:978-7-224-11954-1

主题词:孔庙—介绍—陕西

分类:历史、地理→地理→中国地理→专类地理

目录:第 78 页　旬阳孔庙

《陕西孔庙遗存及其文化价值研究》

作者及著作方式:王长坤著

出版时间:2017 年 11 月　页数:359 页

简介:该书搜集陕西地区各类方志、石刻资料,结合实地调查,对陕西孔

庙遗存资料进行了系统归纳、整理和研究，通过对陕西各地孔庙遗存实例的分析，透视陕西传统社会政治、经济、文化发展的状况，探讨儒家和中国古代思想文化的发展和演变，归纳出陕西孔庙历史发展的特点及其文化价值。

ISBN：978-7-03-054998-3

主题词：孔庙—文物保护—研究—陕西

分类：历史、地理→地理→中国地理→专类地理

目录：第 268 页　第三节　旬阳孔庙

《西北文化资源大典》

作者及著作方式：彭岚嘉主编

出版时间：2018 年 12 月　页数：1361 页

简介：该书是兰州大学中央高校基本科研业务费专项资金重大培育招标项目“西北地区文化资源调查、整合与开发”的阶段性成果，成果以条目的方式对西北地区五省区的文化资源进行系统的归纳和梳理，旨在全面把握和准确认识西北地区文化资源的特点、价值及其在复兴民族文化中的地位和作用。

ISBN：978-7-105-15568-2

主题词：地方文化—文化产业研究—西北地区

分类：文化、科学、教育、体育→世界各国文化与文化事业→中国→地方文化与文化事业

目录：第 195 页　旬阳县文庙

《陕西碑刻总目提要初编》第 2 册

作者及著作方式：吴敏霞主编；刘思怡、王珂分册主编

出版时间：2018 年 12 月　页数：340 页

简介：该书收录陕西境内历代碑、墓志、墓砖、摩崖石刻、造像题记、经幢、塔铭等多种类型的石刻资料。其中所收各类碑刻年代上自秦汉，下迄民国末年，著录信息包括碑名、年代、形制、行字、撰书刻者、纹饰、出土地、现藏地、著录情况及提要等多方面内容。

ISBN：978-7-03-051374-8

主题词:碑刻—内容提要—陕西—古代

分类:历史、地理→文物考古→中国文物考古→古书契

目录:第 207 页　重建旬阳庙学记

第 267 页　重修旬阳县庙学记碑

第 333 页　旬(洵)阳县重建儒学记

汉阴文庙

《陕西孔庙》

作者及著作方式:裴建平主编

出版时间:2016 年　页数:230 页

简介:该书从历史溯源、建筑遗存、祭器碑刻、文化传承等方面展示了陕西孔庙的渊源发展,较为完整地体现了地域孔庙文化一脉相承的传承历史。最后一部分《陕西孔庙调研报告》全面反映了陕西孔庙的历史与现状,分析了存在的问题,提出了建议。

ISBN:978-7-224-11954-1

主题词:孔庙—介绍—陕西

分类:历史、地理→地理→中国地理→专类地理

目录:第 81 页　汉阴孔庙

《陕西孔庙遗存及其文化价值研究》

作者及著作方式:王长坤著

出版时间:2017 年 11 月　页数:359 页

简介:该书搜集陕西地区各类方志、石刻资料,结合实地调查,对陕西孔庙遗存资料进行了系统归纳、整理和研究,通过对陕西各地孔庙遗存实例的分析,透视陕西传统社会政治、经济、文化发展的状况,探讨儒家和中国古代思想文化的发展和演变,归纳出陕西孔庙历史发展的特点及其文化价值。

ISBN:978-7-03-054998-3
主题词:孔庙—文物保护—研究—陕西
分类:历史、地理→地理→中国地理→专类地理
目录:第 264 页　第二节　汉阴孔庙

榆林文庙

《榆林市导游词》

作者及著作方式:榆林市旅游局编

出版时间:2006 年 12 月　页数:207 页

简介:该书精选了榆林市首批 73 处旅游景点,用简洁明快的表述方法及语言,把一个个景点描述得鲜活逼真。书中介绍了大夏国都统万城、万里长城镇北台等。

ISBN:7-5604-2251-9

主题词:导游—解说词—榆林

分类:历史、地理→地理→中国地理→专类地理

目录:第 84 页　2.文庙

《陕西孔庙》

作者及著作方式:裴建平主编

出版时间:2016 年　页数:230 页

简介:该书从历史溯源、建筑遗存、祭器碑刻、文化传承等方面展示了陕西孔庙的渊源发展,较为完整地体现了地域孔庙文化一脉相承的传承历史。最后一部分《陕西孔庙调研报告》全面反映了陕西孔庙的历史与现状,分析了存在的问题,提出了建议。

ISBN:978-7-224-11954-1

主题词:孔庙—介绍—陕西

分类:历史、地理→地理→中国地理→专类地理

目录:第 93 页　榆林孔庙

《陕西孔庙遗存及其文化价值研究》

作者及著作方式:王长坤著

出版时间:2017 年 11 月　页数:359 页

简介:该书搜集陕西地区各类方志、石刻资料,结合实地调查,对陕西孔庙遗存资料进行了系统归纳、整理和研究,通过对陕西各地孔庙遗存实例的分析,透视陕西传统社会政治、经济、文化发展的状况,探讨儒家和中国古代思想文化的发展和演变,归纳出陕西孔庙历史发展的特点及其文化价值。

ISBN:978-7-03-054998-3

主题词:孔庙—文物保护—研究—陕西

分类:历史、地理→地理→中国地理→专类地理

目录:第 330 页　第五节　榆林孔庙

府谷文庙

《榆林市导游词》

作者及著作方式:榆林市旅游局编

出版时间:2006 年 12 月　页数:207 页

简介:该书精选了榆林市首批 73 处旅游景点,用简洁明快的表述方法及语言,把一个个景点描述得鲜活逼真。书中介绍了大夏国都统万城、万里长城镇北台等。

ISBN:7-5604-2251-9

主题词:导游—解说词—榆林

分类:历史、地理→地理→中国地理→专类地理

目录:第 84 页　2.文庙

《陕西名胜概览》

作者及著作方式:谢长峰编

出版时间:2007 年 1 月　页数:650 页

简介:该书介绍了陕西境内 1600 余处名胜古迹的地理方位、历史沿革、古况今貌、逸闻趣事等。

ISBN:7-80736-104-2

主题词:名胜古迹—简介—陕西省

分类:历史、地理→地理→中国地理→专类地理

目录:第 619 页　文庙

《儒学之旅:全国孔庙、书院、贡院、考棚完全手册》

作者及著作方式:杨刚编著

出版时间:2009 年 9 月　页数:182 页

简介:该书搜集了全国各地的孔庙、书院、科举考场等旅游景点,以自助旅游手册的方式来帮助中外游客更深入地了解中国儒学文化。该书还扼要地介绍了孔子与儒学,并通过儒学与古代科举制度之间的密切关系来了解儒学在我国发展的大致情况。

ISBN:978-7-5600-8423-7

主题词:旅游指南—中国

分类:历史、地理→地理→中国地理→专类地理

目录:第 159 页　府谷文庙(省保)

《陕西古建筑》

作者及著作方式:王军、李钰、靳亦冰编

出版时间:2015 年 12 月　页数:328 页

丛书名:中国古建筑丛书

简介:该书系统论述了陕西古代建筑的发展、各类建筑的分布及特点,不仅展示了中国古建筑的建造知识,还全面介绍了中国古代建筑的历史、文化和人文特征,充分体现了中国古代建筑的卓越成就。

ISBN:978-7-112-18828-4

主题词:古建筑—介绍—陕西省

分类:历史、地理→地理→中国地理→专类地理

目录:第 199 页　府谷文庙

《陕西孔庙》

作者及著作方式:裴建平主编

出版时间:2016 年　页数:230 页

简介:该书从历史溯源、建筑遗存、祭器碑刻、文化传承等方面展示了陕

西孔庙的渊源发展，较为完整地体现了地域孔庙文化一脉相承的传承历史。最后一部分《陕西孔庙调研报告》全面反映了陕西孔庙的历史与现状，分析了存在的问题，提出了建议。

ISBN：978-7-224-11954-1

主题词：孔庙—介绍—陕西

分类：历史、地理→地理→中国地理→专类地理

目录：第 94 页　府谷孔庙

《陕西孔庙遗存及其文化价值研究》

作者及著作方式：王长坤著

出版时间：2017 年 11 月　页数：359 页

简介：该书搜集陕西地区各类方志、石刻资料，结合实地调查，对陕西孔庙遗存资料进行了系统归纳、整理和研究，通过对陕西各地孔庙遗存实例的分析，透视陕西传统社会政治、经济、文化发展的状况，探讨儒家和中国古代思想文化的发展和演变，归纳出陕西孔庙历史发展的特点及其文化价值。

ISBN：978-7-03-054998-3

主题词：孔庙—文物保护—研究—陕西

分类：历史、地理→地理→中国地理→专类地理

目录：第 303 页　第一节　府谷孔庙

洋县文庙

《汉中地区名胜古迹》

作者及著作方式:陕西汉中地区文化局编

出版时间:1983 年 4 月　页数:215 页

简介:“汉中”一词在秦惠文王十三年(前 312)设置汉中郡时就已出现,迄今已有近 2300 年的历史。在漫长的历史进程中,汉中的古遗址、古建筑、古墓葬、摩崖石刻、石窟造像等各类名胜古迹数不胜数。该书对汉中的沿革及名胜古迹概括进行了详尽概括和描述,物存述文,据史介绍。书中对所介绍的名胜古迹均配以大量现状图片,既为实物证据,又便于引起读者“江山留胜迹,我辈复登临”的兴趣。

主题词:名胜古迹—汉中

分类:历史、地理→地理→中国地理→专类地理

目录:第 93 页　37.文庙大成殿和城隍庙戏楼

《中国孔庙》

作者及著作方式:高文、范小平编著

出版时间:1994 年 10 月　页数:153 页

简介:该书在查阅大量历史文献、实地考察各地孔庙的基础上,对中国孔庙进行了系统研究。这是迄今为止系统介绍中国孔庙的第一本书。该书图文并茂,史料翔实,为儒学研究和孔庙研究提供了新资料,为挖掘、整理、

弘扬中华民族优秀文化遗产写下了新篇章。

ISBN:7-80575-659-7

主题词:孔庙—建筑史(地点:中国)

建筑史—孔庙(地点:中国)

分类:工业技术→建筑科学→建筑理论→建筑史

目录:第 83 页　73.陕西洋县文庙

《儒学之旅:全国孔庙、书院、贡院、考棚完全手册》

作者及著作方式:杨刚编著

出版时间:2009 年 9 月　页数:182 页

简介:该书搜集了全国各地的孔庙、书院、科举考场等旅游景点,以自助旅游手册的方式来帮助中外游客更深入地了解中国儒学文化。该书还扼要地介绍了孔子与儒学,并通过儒学与古代科举制度之间的密切关系来了解儒学在我国发展的大致情况。

ISBN:978-7-5600-8423-7

主题词:旅游指南—中国

分类:历史、地理→地理→中国地理→专类地理

目录:第 159 页　洋县文庙(县保)

《陕西孔庙》

作者及著作方式:裴建平主编

出版时间:2016 年　页数:230 页

简介:该书从历史溯源、建筑遗存、祭器碑刻、文化传承等方面展示了陕西孔庙的渊源发展,较为完整地体现了地域孔庙文化一脉相承的传承历史。最后一部分《陕西孔庙调研报告》全面反映了陕西孔庙的历史与现状,分析了存在的问题,提出了建议。

ISBN:978-7-224-11954-1

主题词:孔庙—介绍—陕西

分类:历史、地理→地理→中国地理→专类地理

目录:第 74 页　洋县孔庙

《陕西孔庙遗存及其文化价值研究》

作者及著作方式:王长坤著

出版时间:2017 年 11 月　页数:359 页

简介:该书搜集陕西地区各类方志、石刻资料,结合实地调查,对陕西孔庙遗存资料进行了系统归纳、整理和研究,通过对陕西各地孔庙遗存实例的分析,透视陕西传统社会政治、经济、文化发展的状况,探讨儒家和中国古代思想文化的发展和演变,归纳出陕西孔庙历史发展的特点及其文化价值。

ISBN:978-7-03-054998-3

主题词:孔庙—文物保护—研究—陕西

分类:历史、地理→地理→中国地理→专类地理

目录:第 251 页　第三节　洋县孔庙

凤翔文庙

《陕西孔庙》

作者及著作方式：裴建平主编

出版时间：2016 年　页数：230 页

简介：该书从历史溯源、建筑遗存、祭器碑刻、文化传承等方面展示了陕西孔庙的渊源发展，较为完整地体现了地域孔庙文化一脉相承的传承历史。最后一部分《陕西孔庙调研报告》全面反映了陕西孔庙的历史与现状，分析了存在的问题，提出了建议。

ISBN：978-7-224-11954-1

主题词：孔庙—介绍—陕西

分类：历史、地理→地理→中国地理→专类地理

目录：第 67 页　凤翔孔庙

《陕西孔庙遗存及其文化价值研究》

作者及著作方式：王长坤著

出版时间：2017 年 11 月　页数：359 页

简介：该书搜集陕西地区各类方志、石刻资料，结合实地调查，对陕西孔庙遗存资料进行了系统归纳、整理和研究，通过对陕西各地孔庙遗存实例的分析，透视陕西传统社会政治、经济、文化发展的状况，探讨儒家和中国古代思想文化的发展和演变，归纳出陕西孔庙历史发展的特点及其文化价值。

ISBN:978-7-03-054998-3

主题词:孔庙—文物保护—研究—陕西

分类:历史、地理→地理→中国地理→专类地理

目录:第 230 页　第二节　凤翔孔庙

《陕西碑刻总目提要初编》第 2 册

作者及著作方式:吴敏霞主编;刘思怡、王珂分册主编

出版时间:2018 年 12 月　页数:340 页

简介:该书收录陕西境内历代碑、墓志、墓砖、摩崖石刻、造像题记、经幢、塔铭等多种类型的石刻资料。其中所收各类碑刻年代上自秦汉,下迄民国末年,著录信息包括碑名、年代、形制、行字、撰书刻者、纹饰、出土地、现藏地、著录情况及提要等多方面内容。

ISBN:978-7-03-051374-8

主题词:碑刻—内容提要—陕西—古代

分类:历史、地理→文物考古→中国文物考古→古书契

目录:第 266 页　凤翔府重修文庙学宫记

镇安文庙

《商洛名胜》

作者及著作方式:商洛地区地方志编纂领导小组办公室编

出版时间:1987 年 10 月　页数:298 页

简介:商洛位于陕西省东南部,是鄂、豫、陕三省交界地带,古为京畿长安的东南重要门户,也是我国西北地区通往东南诸地的交通要道,历史悠久,文化底蕴深厚。本书搜集了洛南名胜、古迹、革命旧址、景观建筑共四类,虽然仅是境内景观的一鳞半甲,但这些灿烂的文物之花既是历史的见证,又是商洛人民智慧的结晶,具有重要的历史价值。

主题词:名胜古迹—商洛

分类:历史、地理→地理→中国地理→专类地理

目录:第 180 页　镇安县文庙

《镇安县文史资料》第 7 辑

作者及著作方式:中国人民政治协商会议陕西省镇安县委员会文史资料研究委员会编

出版时间:1991 年 12 月　页数:152 页

简介:主要辑录了镇安县的历史人物和生产建设等信息和文章。

主题词:文史资料—镇安县

分类:历史、地理→中国史→地方史志

目录:第 114 页　写《镇安县文庙碑记》和云盖寺碑记的刘玑　郭汉勋

《中国孔庙》

作者及著作方式:高文、范小平编著

出版时间:1994 年 10 月　页数:153 页

简介:该书在查阅大量历史文献、实地考察各地孔庙的基础上,对中国孔庙进行了系统研究。这是迄今为止系统介绍中国孔庙的第一本书。该书图文并茂,史料翔实,为儒学研究和孔庙研究提供了新资料,为挖掘、整理、弘扬中华民族优秀文化遗产写下了新篇章。

ISBN:7-80575-659-7

主题词:孔庙—建筑史(地点:中国)

建筑史—孔庙(地点:中国)

分类:工业技术→建筑科学→建筑理论→建筑史

目录:第 87 页　78.陕西镇安文庙

《镇安县志》

作者及著作方式:镇安县志编纂委员会编

出版时间:1995 年 8 月　页数:644 页

丛书名:陕西地方志丛书

简介:镇安县历史悠久,历史上曾四次修志,包括清雍正四年(1726)的《镇安县志》、乾隆十八年(1753)的《镇安县志》即《聂志》、光绪三十四年(1908)的《镇安乡土志》、民国十五年(1926)的《重修镇安县志》。此新编《镇安县志》坚持以历史唯物主义和辩证唯物主义观点审视历史,力求全面、准确、客观地记述镇安的自然风貌、政治沿革、经济形态、文化教育、社会风俗等诸方面的演变情况。该书观点鲜明,资料翔实,纲目井然,详略得当,融思想性、资料性、科学性为一体,是一部对各级干部和广大群众进行县情乡情、爱国主义、革命传统教育的好教材。

ISBN:7-5419-5031-7

主题词:镇安县(地点:陕西省　学科:地方志)

地方志(地点:陕西省　地点:镇安县)

分类:历史、地理→中国史→地方史志

目录:第448页　第二节　县学

《商州古今》

作者及著作方式:温申武、陈步蟾主编

出版时间:2000年3月　页数:331页

简介:“自古商山是胜游”。改革开放以来,随着商洛地区交通区位优势日益显现,来此地旅游的人越来越多。为乘西部大开发东风,抓住“山川秀美”工程,将商洛建成西安的“后花园”,更为方便商洛旅游,该书系统介绍了古商州(今商洛地区)的历史沿革、名胜古迹、风土人情、方物特产等情况,供来商洛旅游的外地人、外国人对商洛有大致了解。

ISBN:7-5418-1391-5

主题词:地方史—商洛地区

分类:历史、地理→中国史→地方史志

目录:第83页　镇安县文庙

《儒学之旅:全国孔庙、书院、贡院、考棚完全手册》

作者及著作方式:杨刚编著

出版时间:2009年9月　页数:182页

简介:该书搜集了全国各地的孔庙、书院、科举考场等旅游景点,自助旅游手册的方式来帮助中外游客更深入地了解中国儒学文化。该书还扼要地介绍了孔子与儒学,并通过儒学与古代科举制度之间的密切关系来了解儒学在我国发展的大致情况。

ISBN:978-7-5600-8423-7

主题词:旅游指南—中国

分类:历史、地理→地理→中国地理→专类地理

目录:第160页　镇安文庙大成殿

《商山洛水　南北交融:商洛博物馆漫步》

作者及著作方式:陕西省文物局编

出版时间:2013 年 3 月　页数:83 页

丛书名:陕西博物馆丛书

简介:地处商州区繁华地段的商洛市博物馆,是依托商州名刹——大云寺古建筑群而成立的一座历史类博物馆。商洛市博物馆分"商洛文物精品展""石佛像展""大云寺佛文化"三个基本陈列,共收藏各类文物 5507 件(组),其中一级文物 1 件、二级文物 8 件、三级文物 68 件(组),还有近几年商州东龙山遗址、丹凤商邑遗址和战国楚墓、陈塬西周遗址等考古发掘出土的 2000 余件文物,资料性、科研性文物比例占到馆藏文物的 2/3。

ISBN:978-7-5418-2886-6

主题词:博物馆—介绍—商洛市

分类:文化、科学、教育、体育→信息与知识传播→博物馆学、博物馆事业→世界各国博物馆事业

目录:第 43 页　绣屏绽翠　文庙藏珍——镇安县博物馆

《秦岭碑刻的田野调查与价值研究》

作者及著作方式:吴敏霞等著

出版时间:2016 年 6 月　页数:387 页

简介:该书立足大秦岭的广阔地域,配合国家大秦岭保护与开发战略,从挖掘秦岭文化资源的角度,首次对秦岭碑刻进行了专题田野调查与研究,初步厘清了秦岭碑刻的总体数量、类型及内容,揭示了秦岭碑刻的特点。

ISBN:978-7-03-048424-6

主题词:秦岭—碑刻—调查研究

分类:历史、地理→文物考古→中国文物考古→古书契

目录:第 232 页　第十四章　商洛博物馆、丹凤船帮会馆、镇安文庙碑刻

　　第 244 页　三、镇安文庙碑刻

《陕西孔庙》

作者及著作方式:裴建平主编

出版时间:2016 年　页数:230 页

简介:该书从历史溯源、建筑遗存、祭器碑刻、文化传承等方面展示了陕

西孔庙的渊源发展,较为完整地体现了地域孔庙文化一脉相承的传承历史。最后一部分《陕西孔庙调研报告》全面反映了陕西孔庙的历史与现状,分析了存在的问题,提出了建议。

ISBN:978-7-224-11954-1

主题词:孔庙—介绍—陕西

分类:历史、地理→地理→中国地理→专类地理

目录:第 84 页　镇安孔庙

《陕西孔庙遗存及其文化价值研究》

作者及著作方式:王长坤著

出版时间:2017 年 11 月　页数:359 页

简介:该书搜集陕西地区各类方志、石刻资料,结合实地调查,对陕西孔庙遗存资料进行了系统归纳、整理和研究,通过对陕西各地孔庙遗存实例的分析,透视陕西传统社会政治、经济、文化发展的状况,探讨儒家和中国古代思想文化的发展和演变,归纳出陕西孔庙历史发展的特点及其文化价值。

ISBN:978-7-03-054998-3

主题词:孔庙—文物保护—研究—陕西

分类:历史、地理→地理→中国地理→专类地理

目录:第 287 页　第二节　镇安孔庙

《陕西碑刻总目提要初编》第 2 册

作者及著作方式:吴敏霞主编;刘思怡、王珂分册主编

出版时间:2018 年 12 月　页数:340 页

简介:该书收录陕西境内历代碑、墓志、墓砖、摩崖石刻、造像题记、经幢、塔铭等多种类型的石刻资料。其中所收各类碑刻年代上自秦汉,下迄民国末年,著录信息包括碑名、年代、形制、行字、撰书刻者、纹饰、出土地、现藏地、著录情况及提要等多方面内容。

ISBN:978-7-03-051374-8

主题词:碑刻—内容提要—陕西—古代

分类:历史、地理→文物考古→中国文物考古→古书契

目录:第 226 页　镇安县重修学庙记碑

旬邑文庙

《中国佛道儒教楹联精选》

作者及著作方式:解维汉编选

出版时间:2008 年 9 月　页数:278 页

丛书名:龙魂楹联文化丛书

简介:该书收集中国佛、道、儒教楹联 2847 副,佛教按寺、庵分类,道教按观、宫、庵、庙(城隍庙、土地庙、财神庙、东岳庙、吕祖庙)分类,儒教按文庙、武庙分类。

ISBN:978-7-224-08391-0

主题词:对联—作品集—中国

分类:文学→中国文学→杂著

目录:第 235 页　旬邑文庙

《咸阳市文物志》

作者及著作方式:咸阳市文物事业管理局编

出版时间:2008 年 12 月　页数:590 页

简介:该书共分 20 章,主要介绍了咸阳市的文物、近代史遗迹、行政管理机构和文博单位、文物保护工作、文物调查、发掘与研究、陈列展览等。

ISBN:978-7-80736-481-8

主题词:文物—概况—咸阳市

分类:历史、地理→文物考古→中国文物考古→地区文物考古
目录:第 157 页　旬邑文庙大成殿

《旬邑文库·文物　旅游卷》

作者及著作方式:《旬邑文库》编纂委员会编
出版时间:2015 年 5 月　页数:263 页
简介:该书是《旬邑文库》14 卷丛书中的其中一卷,涵盖了旬邑的古遗址、古墓葬、古建筑、碑石、文物、近现代史迹以及地方名胜、革命旧址和旅游活动。
ISBN:978-7-5518-1193-4
主题词:文物—介绍—旬邑县
　　风景区—介绍—旬邑县
　　名胜古迹—介绍—旬邑县
分类:综合性图书→丛书→中国丛书→地方丛书
目录:第 240 页　第二十一节　文庙

《旬邑文库·旧志稽注卷》(上)

作者及著作方式:《旬邑文库》编纂委员会编
出版时间:2016 年 5 月　页数:446 页
简介:旬邑县历史积淀深厚,文物丰盛。《旬邑文库》丛书共 14 卷(15 册)700 多万字,是旬邑历史文化全方位、多侧面的展现。
ISBN:978-7-5518-1193-4
主题词:旧志稽注—三水县
分类:综合性图书→丛书→中国丛书→地方丛书
目录:第 30 页　文庙
　　第 31 页　儒学

《旬邑文库·风物篇》

作者及著作方式:《旬邑文库》编纂委员会编
出版时间:2015 年 9 月　页数:259 页

简介：该书全面而详细地介绍了旬邑县情、历史文化、自然风光、地方名胜、景区景点和风土人情等，主要内容包括文物篇，其中有古遗址、古墓葬、古建筑、碑石、文物、近现代史迹；旅游篇，其中有地方名胜、革命旧址、旅游活动等。

ISBN：978-7-5518-1193-4

主题词：文物—介绍—旬邑县

风景区—介绍—旬邑县

名胜古迹—文物—旬邑县

分类：综合性图书→丛书→中国丛书→地方丛书

目录：第 240 页　文庙

《陕西孔庙》

作者及著作方式：裴建平主编

出版时间：2016 年　页数：230 页

简介：该书从历史溯源、建筑遗存、祭器碑刻、文化传承等方面展示了陕西孔庙的渊源发展，较为完整地体现了地域孔庙文化一脉相承的传承历史。最后一部分《陕西孔庙调研报告》全面反映了陕西孔庙的历史与现状，分析了存在的问题，提出了建议。

ISBN：978-7-224-11954-1

主题词：孔庙—介绍—陕西

分类：历史、地理→地理→中国地理→专类地理

目录：第 46 页　旬邑孔庙

《陕西孔庙遗存及其文化价值研究》

作者及著作方式：王长坤著

出版时间：2017 年 11 月　页数：359 页

简介：该书搜集陕西地区各类方志、石刻资料，结合实地调查，对陕西孔庙遗存资料进行了系统归纳、整理和研究，通过对陕西各地孔庙遗存实例的分析，透视陕西传统社会政治、经济、文化发展的状况，探讨儒家和中国古代思想文化的发展和演变，归纳出陕西孔庙历史发展的特点及其文化价值。

ISBN:978-7-03-054998-3

主题词:孔庙—文物保护—研究—陕西

分类:历史、地理→地理→中国地理→专类地理

目录:第 129 页　第三节　旬邑孔庙

黄陵文庙

《陕西名胜概览》

作者及著作方式:谢长峰编

出版时间:2007 年 1 月　页数:650 页

简介:该书介绍了陕西境内 1600 余处名胜古迹的地理方位、历史沿革、古况今貌、逸闻趣事等。

ISBN:7-80736-104-2

主题词:名胜古迹—简介—陕西省

分类:历史、地理→地理→中国地理→专类地理

目录:第 585 页　文庙

《陕西孔庙》

作者及著作方式:裴建平主编

出版时间:2016 年　页数:230 页

简介:该书从历史溯源、建筑遗存、祭器碑刻、文化传承等方面展示了陕西孔庙的渊源发展,较为完整地体现了地域孔庙文化一脉相承的传承历史。最后一部分《陕西孔庙调研报告》全面反映了陕西孔庙的历史与现状,分析了存在的问题,提出了建议。

ISBN:978-7-224-11954-1

主题词:孔庙—介绍—陕西

分类:历史、地理→地理→中国地理→专类地理

目录:第 91 页　黄陵孔庙

《陕西孔庙遗存及其文化价值研究》

作者及著作方式:王长坤著

出版时间:2017 年 11 月　页数:359 页

简介:该书搜集陕西地区各类方志、石刻资料,结合实地调查,对陕西孔庙遗存资料进行了系统归纳、整理和研究,通过对陕西各地孔庙遗存实例的分析,透视陕西传统社会政治、经济、文化发展的状况,探讨儒家和中国古代思想文化的发展和演变,归纳出陕西孔庙历史发展的特点及其文化价值。

ISBN:978-7-03-054998-3

主题词:孔庙—文物保护—研究—陕西

分类:历史、地理→地理→中国地理→专类地理

目录:第 294 页　黄陵孔庙

《民国三十三年黄陵县志校注》

作者及著作方式:何炳武等校注

出版时间:2009 年　页数:384 页

简介:该书系由著名语言学家黎锦熙先生于民国三十三年撰写的《黄陵县志》的校注本。

ISBN:978-7-224-08826-7

主题词:黄陵县—地方志—民国

分类:历史、地理→中国史→地方史志

目录:第 258 页　(1)文庙及群祀

白河孔庙

《陕西孔庙》

作者及著作方式:裴建平主编

出版时间:2016 年　页数:230 页

简介:该书从历史溯源、建筑遗存、祭器碑刻、文化传承等方面展示了陕西孔庙的渊源发展,较为完整地体现了地域孔庙文化一脉相承的传承历史。最后一部分《陕西孔庙调研报告》全面反映了陕西孔庙的历史与现状,分析了存在的问题,提出了建议。

ISBN:978-7-224-11954-1

主题词:孔庙—介绍—陕西

分类:历史、地理→地理→中国地理→专类地理

目录:第 226 页　白河孔庙

《陕西孔庙遗存及其文化价值研究》

作者及著作方式:王长坤著

出版时间:2017 年 11 月　页数:359 页

简介:该书搜集陕西地区各类方志、石刻资料,结合实地调查,对陕西孔庙遗存资料进行了系统归纳、整理和研究,通过对陕西各地孔庙遗存实例的分析,透视陕西传统社会政治、经济、文化发展的状况,探讨儒家和中国古代思想文化的发展和演变,归纳出陕西孔庙历史发展的特点及其文化价值。

ISBN:978-7-03-054998-3

主题词:孔庙—文物保护—研究—陕西

分类:历史、地理→地理→中国地理→专类地理

目录:第 276 页 第四节 白河孔庙

长武文庙

《长武县志》

作者及著作方式:长武县志编纂委员会编

出版时间:2000 年 8 月　页数:734 页

丛书名:陕西地方志丛书

简介:长武县志的编纂,始于清代康熙十五年(1676),又经乾隆四十八年(1783)、宣统二年(1910)两次分别重修、续修。此次新编县志,在批判、继承前作的基础上,借鉴考证、去芜存菁,合理使用史实资料,适当保留各版序、跋和碑文、轶文,贯通古今,延续历史。

ISBN:7-224-05261-2

主题词:长武县(地点:陕西省　学科:地方志)

　　　　地方志(地点:陕西省　地点:长武县)

分类:历史、地理→中国史→地方史志

目录:第 506 页　第一节　学宫、书院、私塾

《中国佛道儒教楹联精选》

作者及著作方式:解维汉编选

出版时间:2008 年 9 月　页数:278 页

丛书名:龙魂楹联文化丛书

简介:该书收集中国佛、道、儒教楹联 2847 副,佛教按寺、庵分类,道教按

观、宫、庵、庙(城隍庙、土地庙、财神庙、东岳庙、吕祖庙)分类,儒教按文庙、武庙分类。

ISBN:978-7-224-08391-0

主题词:对联—作品集—中国

分类:文学→中国文学→杂著

目录:第 236 页　长武孔庙

《陕西孔庙》

作者及著作方式:裴建平主编

出版时间:2016 年　页数:230 页

简介:该书从"历史溯源""建筑遗存""祭器碑刻""文化传承"四个方面展示了陕西孔庙的渊源发展,较为完整地体现了地域孔庙文化一脉相承的传承历史。最后一部分《陕西孔庙调研报告》全面反映了陕西孔庙的历史与现状,分析了存在问题,提出了建议。

ISBN:978-7-224-11954-1

主题词:孔庙—介绍—陕西

分类:历史、地理→地理→中国地理→专类地理

目录:第 204 页　长武孔庙

第 220 页　长武孔庙

《陕西孔庙遗存及其文化价值研究》

作者及著作方式:王长坤著

出版时间:2017 年 11 月　页数:359 页

简介:该书搜集陕西地区各类方志、石刻资料,结合实地调查,对陕西孔庙遗存资料进行了系统归纳、整理和研究,通过对陕西各地孔庙遗存实例的分析,透视陕西传统社会政治、经济、文化发展的状况,探讨儒家和中国古代思想文化的发展和演变,归纳出陕西孔庙历史发展的特点及其文化价值。

ISBN:978-7-03-054998-3

主题词:孔庙—文物保护—研究—陕西

分类:历史、地理→地理→中国地理→专类地理

目录:第 160 页　第八节　长武孔庙

乾县文庙

《陕西孔庙》

作者及著作方式:裴建平主编

出版时间:2016 年　页数:230 页

简介:该书从历史溯源、建筑遗存、祭器碑刻、文化传承等方面展示了陕西孔庙的渊源发展,较为完整地体现了地域孔庙文化一脉相承的传承历史。最后一部分《陕西孔庙调研报告》全面反映了陕西孔庙的历史与现状,分析了存在的问题,提出了建议。

ISBN:978-7-224-11954-1

主题词:孔庙—介绍—陕西

分类:历史、地理→地理→中国地理→专类地理

目录:第 40 页　乾县孔庙

《陕西孔庙遗存及其文化价值研究》

作者及著作方式:王长坤著

出版时间:2017 年 11 月　页数:359 页

简介:该书搜集陕西地区各类方志、石刻资料,结合实地调查,对陕西孔庙遗存资料进行了系统归纳、整理和研究,通过对陕西各地孔庙遗存实例的分析,透视陕西传统社会政治、经济、文化发展的状况,探讨儒家和中国古代思想文化的发展和演变,归纳出陕西孔庙历史发展的特点及其文化价值。

ISBN:978-7-03-054998-3

主题词:孔庙—文物保护—研究—陕西

分类:历史、地理→地理→中国地理→专类地理

商州文庙

《〈直隶商州总志〉点注》

作者及著作方式:商洛地区地方志编纂办公室编注

出版时间:1992 年 12 月　页数:493 页

简介:《直隶商州总志》是商州知州王如玖于清乾隆九年(1744)编纂的,是商洛地区现存古志中一部比较完整的、有借鉴利用价值的志书。由于该志书通篇为文言,既没有标点符号,又引用颇多典故,为使读者方便阅读,商洛地区地方志编纂办公室组织力量,查阅史料,反复订正,进行了较为详尽的点注。

ISBN:7-5419-3669-3

主题词:商州区—地方志

分类:历史、地理→中国史→地方史志

目录:第 34 页　商州文庙图

《商洛屋脊》

作者及著作方式:孙中振著

出版时间:2005 年 2 月　页数:131 页

丛书名:三秦文化丛书

简介:该书内容包括李十三和他的十大本,秦腔名师封至模,秦腔正宗李正敏,何振中的表演艺术,三朵早谢的花,易俗社名家小传等。

ISBN:7-80628-924-0

主题词:随笔—作品集—中国——当代

分类:文学→中国文学→散文→当代作品(1949 年～)

目录:第 24 页　商洛市烈士陵园门楼(原商州文庙灵星门楼)

《陕西名胜概览》

作者及著作方式:谢长峰编

出版时间:2007 年 1 月　页数:650 页

简介:该书介绍了陕西境内 1600 余处名胜古迹的地理方位、历史沿革、古况今貌、逸闻趣事等。

ISBN:7-80736-104-2

主题词:名胜古迹—简介—陕西省

分类:历史、地理→地理→中国地理→专类地理

目录:第 439 页　商州文庙

《商洛古诗精选》

作者及著作方式:王甲训主编

出版时间:2013 年 1 月　页数:370 页

简介:该书从 2000 多首吟咏商洛风物人情的历朝历代诗词歌赋中精选出 500 首,汇成此集,反映出自秦汉以来 2000 多年间陕中商洛地区先民的生活状态、文化特色、社会制度、经济发展等情况。其绝美的意境、出色的字句、精当的内容具极强的实用性和欣赏性,不仅是当地的,而且是全民族的优秀历史文化财富。

ISBN:978-7-5073-3726-6

主题词:古典诗歌—诗集—中国

分类:文学→中国文学→诗歌、韵文→古代至近代作品(　～1919 年)

目录:第 340 页　文庙松　张琛

《陕西孔庙》

作者及著作方式:裴建平主编

出版时间:2016年　页数:230页

简介:该书从“历史溯源”“建筑遗存”“祭器碑刻”“文化传承”四个方面展示了陕西孔庙的渊源发展,较为完整地体现了地域孔庙文化一脉相承的传承历史。最后一部分《陕西孔庙调研报告》全面反映了陕西孔庙的历史与现状,分析了存在问题,提出了建议。

ISBN:978-7-224-11954-1

主题词:孔庙—介绍—陕西

分类:历史、地理→地理→中国地理→专类地理

目录:第82页　商洛孔庙

《陕西孔庙遗存及其文化价值研究》

作者及著作方式:王长坤著

出版时间:2017年11月　页数:359页

简介:该书搜集陕西地区各类方志、石刻资料,结合实地调查,对陕西孔庙遗存资料进行了系统归纳、整理和研究,通过对陕西各地孔庙遗存实例的分析,透视陕西传统社会政治、经济、文化发展的状况,探讨儒家和中国古代思想文化的发展和演变,归纳出陕西孔庙历史发展的特点及其文化价值。

ISBN:978-7-03-054998-3

主题词:孔庙—文物保护—研究—陕西

分类:历史、地理→地理→中国地理→专类地理

目录:第278页　第九章　商洛地区孔庙

　　第292页　商州孔庙

佛坪（厅）文庙

《老县城》

作者及著作方式：叶广芩著

出版时间：2015 年 6 月　页数：384 页

简介：《老县城》是叶广芩以一种生态的、人文的、历史的目光，对陕西佛坪老县城在内的秦巴山区生态保护、历史遗迹做多角度审视的散文集。本书初版于 2004 年，十年之后，陕西老县城的风貌已大有改变，作家也有了新的感悟，本书是《老县城》的全新修订版，在保留原版韵味的同时又增添了新的魅力。

ISBN 号：978-7-224-11520-8

主题词：散文集—中国—当代

分类：文学→中国文学→散文→当代作品（1949 年～　）

目录：第 20 页　文庙

《陕西孔庙》

作者及著作方式：裴建平主编

出版时间：2016 年　页数：230 页

简介：该书从历史溯源、建筑遗存、祭器碑刻、文化传承等方面展示了陕西孔庙的渊源发展，较为完整地体现了地域孔庙文化一脉相承的传承历史。最后一部分《陕西孔庙调研报告》全面反映了陕西孔庙的历史与现状，分析了存在的问题，提出了建议。

ISBN：978-7-224-11954-1

主题词：孔庙—介绍—陕西

分类：历史、地理→地理→中国地理→专类地理

目录：第 29 页　佛坪(厅)孔庙

《陕西孔庙遗存及其文化价值研究》

作者及著作方式：王长坤著

出版时间：2017 年 11 月　页数：359 页

简介：该书搜集陕西地区各类方志、石刻资料，结合实地调查，对陕西孔庙遗存资料进行了系统归纳、整理和研究，通过对陕西各地孔庙遗存实例的分析，透视陕西传统社会政治、经济、文化发展的状况，探讨儒家和中国古代思想文化的发展和演变，归纳出陕西孔庙历史发展的特点及其文化价值。

ISBN：978-7-03-054998-3

主题词：孔庙—文物保护—研究—陕西

分类：历史、地理→地理→中国地理→专类地理

目录：第 99 页　佛坪孔庙

《陕西碑刻总目提要初编》第 3 册

作者及著作方式：吴敏霞主编；范志鹏、高叶青分册主编

出版时间：2018 年 12 月　页数：326 页

简介：该书收录陕西境内历代碑、墓志、墓砖、摩崖石刻、造像题记、经幢、塔铭等多种类型的石刻资料；所收各类碑刻年代上自秦汉，下迄民国末年；所收碑刻的著录信息包括碑名、年代、形制、行字、撰书刻者、纹饰、出土地、现藏地、著录情况及提要等多方面内容。

ISBN：978-7-03-051374-8

主题词：碑刻—内容提要—陕西—古代

分类：历史、地理→文物考古→中国文物考古→古书契

目录：第 308 页　佛坪厅重修文庙并增置乡贤名宦祠碑记

眉县文庙

《古都沧桑——陕西文物古迹旧影》

作者及著作方式:赵力光主编

出版时间:2002 年 9 月　页数:384 页

简介:该书通过一批老照片来展现 20 世纪上半叶陕西文物古迹的状况，分为“故城寻踪”“寺庙祠观”等五部分,共收录 400 余帧古迹照片。

ISBN:7-80628-605-5

主题词:文物—考古—史料—陕西省

名胜古迹—史料—陕西省

分类:历史、地理→文物考古→中国文物考古→地区文物考古

目录:第 312 页　眉县文庙

《陕西孔庙》

作者及著作方式:裴建平主编

出版时间:2016 年　页数:230 页

简介:该书从历史溯源、建筑遗存、祭器碑刻、文化传承等方面展示了陕西孔庙的渊源发展,较为完整地体现了地域孔庙文化一脉相承的传承历史。最后一部分《陕西孔庙调研报告》全面反映了陕西孔庙的历史与现状,分析了存在的问题,提出了建议。

ISBN:978-7-224-11954-1

主题词:孔庙—介绍—陕西
分类:历史、地理→地理→中国地理→专类地理
目录:第 223 页　眉县文庙

岚皋文庙

《中国佛道儒教楹联精选》

作者及著作方式:解维汉编选

出版时间:2008 年 9 月　页数:278 页

丛书名:龙魂楹联文化丛书

简介:该书收集中国佛、道、儒教楹联 2847 副,佛教按寺、庵分类,道教按观、宫、庵、庙(城隍庙、土地庙、财神庙、东岳庙、吕祖庙)分类,儒教按文庙、武庙分类。

ISBN:978-7-224-08391-0

主题词:对联—作品集—中国

分类:文学→中国文学→杂著

目录:第 236 页　岚皋孔庙

《陕西孔庙》

作者及著作方式:裴建平主编

出版时间:2016 年　页数:230 页

简介:该书从历史溯源、建筑遗存、祭器碑刻、文化传承等方面展示了陕西孔庙的渊源发展,较为完整地体现了地域孔庙文化一脉相承的传承历史。最后一部分《陕西孔庙调研报告》全面反映了陕西孔庙的历史与现状,分析了存在的问题,提出了建议。

ISBN:978-7-224-11954-1

主题词:孔庙—介绍—陕西

分类:历史、地理→地理→中国地理→专类地理

目录:第 226 页　岚皋孔庙

华阴文庙

《华阴县志》

作者及著作方式:《华阴县志》编纂委员会编

出版时间:1995 年 10 月　页数:867 页

丛书名:陕西地方志丛书

简介:该志全面记述陕西华阴的地理历史、政治经济、文化教育、风土人情等情况的演变历程。

ISBN:7-5063-1001-5

主题词:地方志—陕西—华阴县

分类:历史、地理→中国史→地方史志

目录:第 502 页　第一节　私学县学

朝邑文庙

《渭南历史通鉴》第 5 卷(文物胜景)

作者及著作方式:王杰山编著

出版时间:2009 年 5 月　页数:753 页

简介:该书是一部介绍渭南历史沿革、经济发展、人文历史、民风民俗的区域性历史读物,全方位、多角度介绍了渭南行政区域内上下五千年的人文历史,内容生动翔实,史料丰富。该卷包括文化遗址、帝王陵墓、将相墓冢、乡贤坟茔、碑碣墓志、寺院庙宇、名楼古塔、风景名胜以及渭南土特产和民间工艺等部分。

ISBN:978-7-5059-5899-9

主题词:历史读物—中国—当代

分类:历史、地理→中国史→地方史志

目录:第 26 页　朝邑文庙遗址

《陕西黄河小北干流志》

作者及著作方式:陕西黄河小北干流志编纂委员会编

出版时间:1999 年 10 月　页数:313 页

简介:该书是黄河小北干流的第一部志书,是地方志与江河志相结合但重点突出黄河小北干流面貌与治理工程特色的志书。该书较详细地反映了陕西黄河小北干流的河情,具体翔实地记载了这一河段的治理及历史演变,并初步总结了治理经验与教训，全面记述了陕西黄河小北干流地域的自然环境、社会经济、自然灾害、河流冲淤变化、河道治理及文物古迹等，充分体现了陕西黄河小北干流的特色。该书的出版，对进一步认识、研究和推动小北干流治理工作具有重要作用。

ISBN：7-80621-296-5

主题词：黄河—水利史—陕西

分类：工业技术→水利工程→治河工程与防洪工程→世界各国河流治理

目录：第241页　朝邑文庙

索　引

H

K

L

M

P

Q

T

W